LE

DÉVELOPPEMENT

DE L'IMAGE LATENTE

LA PHOTOGRAPHIE

AU GÉLATINO-BROMURE D'ARGENT.

LE

DÉVELOPPEMENT

DE L'IMAGE LATENTE

PAR

A. DE LA BAUME PLUVINEL.

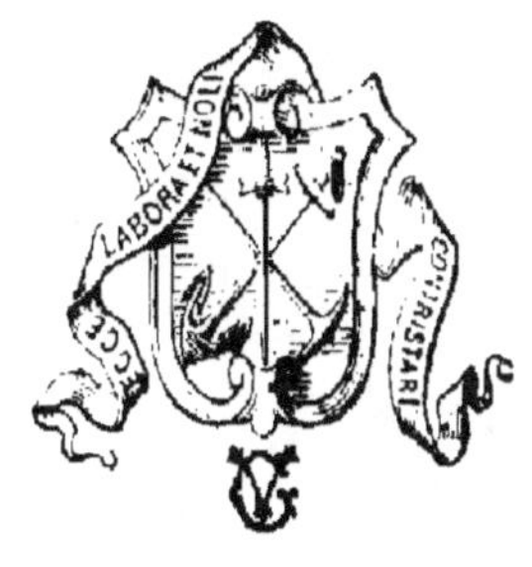

PARIS,

GAUTHIER-VILLARS ET FILS, IMPRIMEURS-LIBRAIRES

ÉDITEURS DE LA BIBLIOTHÈQUE PHOTOGRAPHIQUE,

Quai des Grands-Augustins, 55.

1889

AVANT-PROPOS.

Depuis que le procédé au gélatino-bromure d'argent est adopté, presque exclusivement, pour l'obtention des clichés, la partie la plus importante du travail photographique consiste dans le développement de l'image latente.

Cette opération, qui a pour but de faire apparaître dans la couche sensible l'image invisible que la lumière y a tracée, est décrite tout au long dans de nombreux Traités spéciaux.

Mais, si le photographe trouve dans ces Ouvrages des instructions précises qui le guident dans ses manipulations, il y chercherait vainement, en général, une explication rationnelle des phénomènes qui se produisent au sein des couches sensibles et des bains révélateurs. Aussi, le plus souvent, le praticien se contente-t-il d'appliquer aveuglément les recettes qui lui sont données sans analyser les opérations qu'il exécute, et sans se demander pourquoi elles le conduisent au résultat cherché.

Il est vrai que cette ignorance du côté théorique de la Photographie n'empêche pas certains opérateurs d'obtenir de bons résultats; mais nous croyons cependant que si l'on ne veut pas se contenter de ces succès de hasard, et si l'on tient à réussir à coup sûr, il est indispensable de connaitre les effets que l'on peut attendre des réactifs que l'on emploie, afin de pouvoir modifier la composition des bains de développement suivant la nature du sujet à photographier, les conditions dans lesquelles on se trouve au moment de la pose, et l'effet artistique que l'on a en vue d'obtenir.

N'est-il pas nécessaire aussi d'être initié à la théorie des opérations photographiques pour créer de nouvelles méthodes, pour remédier aux insuccès de toutes sortes que l'on rencontre si souvent, et pour juger de la valeur des procédés que l'on publie chaque jour?

Aussi, convaincu des avantages que l'on peut retirer d'une étude raisonnée de la Photographie, nous avons décrit, dans cet Ouvrage, les opérations du développement des plaques photographiques en cherchant constamment l'enchaînement logique qui lie la réalisation pratique au principe théorique.

Nous espérons que notre travail sera apprécié non seulement par le photographe professionnel, intéressé à se perfectionner dans son art, mais aussi par tous ceux qui, pour leur satisfaction personnelle, ne veulent pas pratiquer les opérations photographiques sans en connaître le pourquoi.

Ajoutons que nous sommes entré dans des détails pratiques assez circonstanciés pour guider le débutant qui réclame des indications nettes et précises.

Nous n'avons pas pu, malheureusement, traiter notre sujet aussi rigoureusement que nous l'aurions désiré. L'action de la lumière sur les plaques photographiques et les réactions chimiques qui se produisent dans les bains révélateurs ne sont pas assez bien connues pour qu'il soit possible, en effet, d'interpréter rigoureusement, sans exceptions, toutes les opérations du développement. Aussi nous sommes-nous appuyé quelquefois sur des réactions qui, tout en restant conformes aux lois générales de la Chimie, n'ont pas été complètement vérifiées.

Il nous a fallu néanmoins admettre ces réactions douteuses pour que notre travail ne présente ni lacunes, ni contradictions.

Paris, juin 1889.

LE
DÉVELOPPEMENT
DE L'IMAGE LATENTE.

CHAPITRE I.

PRINCIPES GÉNÉRAUX.

1. L'image latente. — Les plaques sensibles, que nous aurons à considérer, sont préparées en coulant sur un support, tel que le verre ou le papier, une solution visqueuse de gélatine tenant en suspension du bromure d'argent. Lorsque ces plaques sont exposées à la lumière dans la chambre noire, le composé sensible qu'elles renferment subit une altération, qui n'est pas apparente si l'exposition a été suffisamment courte, mais qui peut être révélée si l'on soumet les plaques à des traitements convenables. Par exemple, sous l'action d'un réducteur, c'est-à-dire d'un réactif chimique qui jouit de propriétés désoxydantes, le bromure d'argent est décomposé dans toutes les parties que la lumière a frappées, et un dépôt d'argent noir dessine les régions claires de l'image formée par l'objectif.

La lumière produit dans ce cas, sur le composé sensible, une action dite *latente*, et l'image invisible que porte la plaque, après son exposition dans la chambre noire, est une *image latente*.

Quelle est la nature de l'altération que la lumière fait subir au bromure d'argent, et pourquoi le composé sensible, qui résiste à l'action des réducteurs lorsqu'il a été préparé et constamment maintenu à l'abri des rayons actiniques, est-il décomposé par eux s'il a été frappé par des ondes lumineuses à courte période? Nous n'avons pas à étudier cette question; elle est du domaine de la photo-chimie et sortirait du cadre que nous nous sommes tracé. Disons seulement que deux théories principales sont en présence :

1° *La théorie chimique*, qui admet que l'image latente, produite par une courte exposition dans la chambre noire, est due, comme l'image visible résultant d'une action prolongée de la lumière, à une véritable décomposition du bromure d'argent. Cette décomposition serait intégrale ou simplement partielle. Dans la première hypothèse, l'image latente serait formée d'argent métallique, dans la seconde d'un sous-bromure de composition Ag^2Br ou Ag^4Br^3. Si la lumière qui frappe la couche sensible est suffisamment énergique, les molécules décomposées sont assez nombreuses pour rendre visible l'action de la lumière; mais si la plaque est faiblement impressionnée, les molécules d'argent, ou de sous-bromure, sont trop disséminées dans la masse de la couche pour laisser une trace perceptible, et la lumière produit alors une image latente.

2° *La théorie dynamique*, dont les partisans, tout en admettant que la lumière produit, lorsqu'elle est suffisamment intense, une véritable décomposition du bromure d'argent, ne regardent pas cette décomposition comme étant la cause du développement de l'image latente. Les ondes lumineuses, avant de décomposer la substance sensible, produiraient un bouleversement de ses molécules, l'amenant ainsi à un état moléculaire nouveau sous lequel il serait facilement décomposable par les révélateurs.

Pour des raisons qui ne peuvent trouver place ici, nous inclinons à admettre cette dernière théorie et nous supposerons, dans ce qui suit, que le bromure d'argent, qui a été frappé par la lumière, a encore pour composition AgBr, mais qu'il est sous un état moléculaire particulier que nous appellerons l'*état modifié*.

2. Révélateurs physiques, révélateurs chimiques. — La théorie indique que les ondes lumineuses, en frappant les composés sensibles, doivent écarter leurs centres moléculaires et affaiblir par suite les liens qui unissent les molécules les unes aux autres. Les molécules, ainsi séparées, acquièrent une certaine *énergie potentielle* leur permettant d'exercer sur les corps environnants une attraction plus grande que l'attraction exercée par les molécules intimement combinées. Ainsi, par exemple, si l'on recouvre une plaque impressionnée d'un réactif contenant de l'argent facilement précipitable, le métal sera attiré par les molécules frappées par la lumière et se déposera seulement sur les parties de la plaque qui correspondent aux clairs de l'image. Les réactifs qui agissent ainsi sont appelés des *révélateurs physiques*. Ils permettent de révéler les plaques contenant peu d'argent, comme les plaques au collodion humide.

Au lieu de précipiter de l'argent à la surface de la couche impressionnée, on peut la traiter par un corps réducteur qui tend à décomposer le bromure d'argent. Les molécules du réactif seront attirées par les molécules sensibles écartées les unes des autres par la lumière, et la décomposition du bromure d'argent n'aura lieu que dans les parties de la couche frappées par les ondes lumineuses.

Les réactifs qui agissent ainsi sont appelés des *révélateurs chimiques*. Ils conviennent aux couches de gélatino-bromure d'argent renfermant assez d'argent pour pouvoir être développées sans le secours d'une source d'argent étrangère. Ce sont ces révélateurs que nous allons étudier.

3. Les révélateurs doivent être des substances réductrices. — Pour décomposer le bromure d'argent modifié, il faut achever la séparation du brome et de l'argent commencée par la lumière.

L'argent devant rester à l'état métallique pour

constituer l'image, c'est en s'emparant du brome que
l'on pourra opérer cette séparation. Or l'hydrogène
s'unit facilement au brome en donnant un composé
très stable : l'acide bromhydrique. On décomposera
donc le bromure d'argent en faisant agir de l'hydrogène sur la couche sensible. Ce corps peut être fourni
par la décomposition de l'eau, et pour déterminer cette
décomposition, il faut avoir recours à des composés
oxydables qui absorbent l'oxygène et mettent l'hydrogène en liberté. Donc, finalement, les substances
avides d'oxygène, c'est-à-dire réductrices, décompose-
ront le bromure d'argent par l'intermédiaire de l'eau.

Il ne faut pas que le révélateur décompose l'eau
effectivement, car, s'il en était ainsi, l'hydrogène se
dégagerait au sein du révélateur et n'agirait pas sur
la couche sensible. Il est nécessaire seulement que
le révélateur soit facilement oxydable, car son avidité pour l'oxygène, d'une part, et la tendance que
possède l'hydrogène à s'unir au brome, d'autre part,
suffisent pour déterminer les réactions qui amènent
la décomposition du bromure d'argent.

4. Toutes les substances facilement oxydables ne
peuvent pas être employées comme révélateurs, attendu que le produit de leur oxydation tend quelquefois
à déterminer une réaction inverse prédominante (**19**).
C'est ainsi que des réducteurs puissants, tels que
l'acide sulfureux et l'hypophosphite de sodium, ne
peuvent pas développer l'image latente.

CHAPITRE II.

DÉVELOPPEMENT A L'OXALATE FERREUX.

5. Manière d'agir du révélateur à l'oxalate ferreux ([1]). — Lorsqu'on plonge une plaque sensible, portant une image latente, dans une solution d'oxalate ferreux, les réactions suivantes prennent naissance :

L'oxalate ferreux décompose l'eau, s'oxyde, et passe à l'état d'oxalate ferrique et d'oxyde ferrique, tandis que l'hydrogène de l'eau est mis en liberté :

$$6(C^2O^3 Fe) + 3H^2O = 2[(C^2O^3)^3 Fe^2]$$
$$+ Fe^2O^3 + 6H \quad (^2),$$

$$6(FeO, C^2O^3) + 3HO = 2(Fe^2O^3, 3C^2O^3)$$
$$+ Fe^2O^3 + 3H.$$

[1] Les propriétés révélatrices de l'oxalate ferreux ont été signalées, pour la première fois, par M. Carey-Lea, en 1877.

[2] Nos égalités chimiques sont établies conformément a la théorie atomique. Toutefois, pour les lecteurs qui ne sont pas familiarisés avec cette notation, nous donnons, en outre, en caractères italiques, la formule en équivalents, chaque fois que cette formule diffère de la formule atomique.

L'hydrogène se porte sur le bromure d'argent modifié qu'il réduit :

$$AgBr + H = Ag + HBr.$$

L'acide bromhydrique, formé dans cette réaction, agit sur l'oxyde ferrique de la réaction précédente et donne du bromure ferrique et de l'eau :

$$6\,HBr + Fe^2O^3 = Fe^2Br^6 + 3H^2O,$$
$$3\,HBr + Fe^2O^3 = Fe^2Br^3 + 3HO.$$

En ajoutant ces trois égalités, on a pour la réaction définitive :

$$6(C^2O^4Fe) + 6AgBr = 2[(C^2O^4)^3Fe^2]$$
$$+ 6Ag + Fe^2Br^6,$$
$$6(FeO, C^2O^3) + 3AgBr = 2(Fe^2O^3, 3C^2O^3)$$
$$+ 3Ag + Fe^2Br^3.$$

Le bromure d'argent modifié sera donc décomposé par l'oxalate ferreux, l'argent réduit dessinera les parties claires de l'image, et il restera, dans le bain révélateur, de l'oxalate ferrique et du bromure ferrique.

6. Préparation du bain révélateur. — Le bain révélateur consiste en une solution d'oxalate ferreux. Ce sel prend naissance lorsqu'on traite un sel ferreux par un oxalate soluble ou par l'acide oxalique. Ainsi, en versant une solution d'oxalate neutre de potassium dans une solution de sulfate ferreux, la liqueur devient rouge, puis se trouble et laisse déposer des cristaux jaunes d'oxalate ferreux :

$$SO^4 Fe + C^2 O^4 K^2 = C^2 O^4 Fe + SO^4 K^2,$$
$$FeO, SO^3 + KO, C^2 O^3 = FeO, C^2 O^3 + KO, SO^3.$$

Le sel ainsi obtenu retient toujours deux équivalents d'eau ; sa formule complète est donc :

$$C^2 O^4 Fe + 2H^2 O,$$
$$FeO, C^2 O^3 + 2HO.$$

L'oxalate ferreux est presque insoluble dans l'eau (1 partie de sel se dissout dans 3800 parties d'eau bouillante), mais il se dissout facilement, sous l'action de la chaleur, dans les dissolutions d'oxalate neutre de potassium, d'oxalate neutre de sodium, de citrate de sodium, etc.

C'est à l'état de dissolution dans ces solutions salines que l'oxalate ferreux est employé comme révélateur. Son meilleur dissolvant est une solution saturée d'oxalate neutre de potassium. 100 parties de cette solution dissolvent 12 parties d'oxalate ferreux. D'un autre côté, la solution saturée d'oxalate neutre de potassium contient 1 partie de sel pour 3 parties d'eau. Pour préparer 100 parties environ de bain révélateur, on fera donc dissoudre 33 parties d'oxalate neutre de potassium dans 100 parties d'eau, et l'on ajoutera à la solution 12 parties d'oxalate ferreux que l'on fera dissoudre à chaud.

7. Mais le mode de procéder que nous venons

d'indiquer, quoique permettant d'obtenir une solution très concentrée d'oxalate ferreux, n'est pas employé en général. On préfère opérer plus simplement et dissoudre l'oxalate ferreux en même temps qu'on le prépare. Si l'on verse une solution de sulfate ferreux dans une dissolution saturée d'oxalate neutre de potassium, tant que l'oxalate ferreux formé sera en présence d'un excès de sel de potassium, il se dissoudra au fur et à mesure de sa production.

D'après ce que nous avons dit précédemment, on pourra ajouter de la solution de fer, sans craindre un précipité, tant que le liquide renfermera moins de 12 parties d'oxalate ferreux pour 33 parties de sels de potassium libres dans la dissolution. Si les solutions d'oxalate neutre de potassium et de sulfate ferreux sont préparées à 30 pour 100, on pourra mélanger 1 partie de la solution de fer à 3 parties de la solution potassique. En effet, si l'on ajoute 33 parties de la solution de fer à 100 parties de la solution potassique, les 10 parties de sulfate ferreux, contenues dans la première solution, prendront 11 parties d'oxalate de potassium à la seconde solution pour former 9,5 parties d'oxalate ferreux et 11,5 parties de sulfate de potassium (*voir* la formule de la réaction n° **6**). Les 9,5 parties d'oxalate ferreux formées se dissoudront dans une solution contenant 19 parties d'oxalate de potassium libre et 11,5 parties de sulfate de potassium.

L'oxalate de potassium joue donc, dans ce cas, un double rôle : une partie sert à former l'oxalate ferreux, et l'autre partie, restée libre dans la solution, permet à cet oxalate ferreux de se dissoudre [1].

Les proportions d'oxalate et de sulfate que nous avons indiquées, sont déterminées par la solubilité des sels dans l'eau. Il est donc impossible de les augmenter dans le but d'obtenir un bain plus concentré. Si l'on modifie les proportions indiquées ci-dessus, ce ne peut être que pour les diminuer afin d'obtenir un révélateur moins énergique (**20**).

Pour ne pas étendre le bain inutilement, on prépare la solution d'oxalate neutre de potassium à saturation. On la fera donc à 30 ou 33 pour 100. On pourrait aussi préparer une solution saturée de sulfate ferreux, c'est-à-dire à 76 pour 100. Mais une solution aussi concentrée s'altérerait rapidement à l'air et serait bientôt hors d'usage. On préfère, ainsi que nous l'avons déjà dit, faire la solution de fer au même titre que la solution potassique, c'est-à-dire à 30 pour 100. On prépare donc les deux solutions suivantes :

$$O \left\{ \begin{array}{ll} \text{Eau} \dots \dots \dots \dots \dots \dots & 100 \\ \text{Oxalate neutre de potassium} \dots & 30 \end{array} \right.$$

$$F \left\{ \begin{array}{ll} \text{Eau} \dots \dots \dots \dots \dots \dots & 100 \\ \text{Sulfate ferreux} \dots \dots \dots \dots & 30 \text{ [2]} \end{array} \right.$$

[1] Pour certains chimistes, l'oxalate de potassium, qui reste libre dans le révélateur, joue un rôle actif dans la réduction du bromure d'argent; il donne du bromure de potassium :

$$2\,AgBr + 2(C^2O^4Fe) + C^2O^4K^2 = (C^2O^4)^3Fe^2 + 2\,KBr + 2\,Ag,$$
$$AgBr + 2(FeO,C^2O^3) + KO,C^2O^3 = Fe^2O^3,3\,C^2O^3 + KBr + Ag.$$

[2] Nous supposerons toujours que les diverses substances indiquées dans une même formule sont pesées avec une même unité de poids. Nous n'aurons donc jamais à considérer que des parties en poids de ces substances, sans avoir à spécifier l'unité de poids adoptée.

Si l'on ne dispose pas d'une balance pour peser les sels à dissoudre, on peut opérer de la manière suivante : on verse dans un verre gradué 100^{cc} d'eau et l'on y ajoute de l'oxalate neutre de potassium jusqu'à ce que le volume du liquide s'élève à 115^{cc}. Pour préparer la solution de fer, on opère de même en remplaçant l'oxalate neutre de potassium par du sulfate ferreux.

Les solutions O et F peuvent se faire à froid. Mais, si l'on veut opérer rapidement, il faut activer la dissolution des sels par la chaleur. On peut verser de l'eau chaude sur les sels, ou bien mettre dans un récipient l'eau et le sel, et chauffer le tout jusqu'à complète dissolution.

8. Si l'eau employée pour dissoudre l'oxalate neutre de potassium contient du sulfate de chaux, il se forme une petite quantité d'oxalate de chaux insoluble et la solution se trouble :

$$SO^4Ca + C^2O^4K^2 = C^2O^4Ca + SO^4K^2,$$
$$CaO, SO^3 + KO, C^2O^3 = CaO, C^2O^3 + KO, SO^3.$$

En laissant la liqueur se refroidir, l'oxalate de chaux se dépose et l'on obtient, par décantation, une solution parfaitement claire. La formation de l'oxalate de chaux n'a d'autre inconvénient que d'entraîner la perte d'une petite quantité d'oxalate de potassium. Il est facile, d'ailleurs, d'éviter ce précipité en préparant la solution avec de l'eau distillée, de l'eau de pluie ou de la glace fondue.

9. On peut dissoudre le sulfate ferreux dans de l'eau

ordinaire; mais l'eau de pluie ou l'eau distillée doivent être préférées afin d'éviter la formation d'oxalate de chaux dans le bain révélateur.

La solution d'oxalate ferreux, ainsi que les cristaux de ce sel, jaunissent à l'air et se suroxydent en se transformant en sulfate ferrique basique :

$$(Fe^2 O^3)^2 SO^3.$$

Ce sel ne contribue pas à la formation de l'oxalate ferreux et il introduit dans le révélateur des sels ferriques plutôt nuisibles qui agissent comme modérateurs (**19**). On n'emploiera donc pas de cristaux présentant des traces d'oxydation, et l'on rejettera la solution de sulfate ferreux dès qu'elle commencera à jaunir. En ajoutant à 100^{cc} de cette solution oxydée, 2 gouttes d'acide sulfurique, le sulfate basique est converti en sulfate ferrique normal :

$$(Fe^2 O^3)^2 SO^3 + 5 SO^4 H^2 = 2[(SO^4)^3 Fe^2] + 5 H^2 O.$$
$$(Fe^2 O^3)^2, SO^3 + 5 SO^3, HO = 2(Fe^2 O^3, 3 SO^3) + 5 HO.$$

Le sulfate ferrique normal est incolore, de sorte que l'addition de l'acide sulfurique rend la solution de sulfate ferreux limpide. Mais il n'en reste pas moins, dans le révélateur, un sel ferrique dont la présence est inutile, sinon nuisible.

En faisant dissoudre dans la solution de fer 0,5 pour 100 d'acide tartrique, et en exposant la liqueur à la lumière, l'acide tartrique est oxydé aux dépens du sulfate ferrique et ce sel retourne à l'état de sulfate ferreux (Audra).

Les produits de l'oxydation de l'acide tartrique, sous l'influence de la lumière, sont de l'acide carbonique et de l'acide formique :

$$C^4H^6O^6 + 3O = 2CH^2O^2 + 2CO^2 + H^2O,$$
$$C^8H^6O^{12} + 6O = 2C^2H^2O^4 + 4CO^2 + 2HO.$$

10. Pour composer le bain révélateur avec les solutions O et F (**7**), on ajoute 1 partie de la solution F à 3 parties de la solution O. On obtient ainsi un liquide rouge rubis que l'on verse dans la cuvette affectée au développement. Pour développer une plaque 13 × 18, il faut au moins 60cc de bain, c'est-à-dire 45cc de la solution O et 15cc de la solution F. Pour une plaque 18 × 24, on double ces doses.

Il n'est pas indifférent de verser la solution F dans la solution O ou la solution O dans la solution F. Si, en effet, on ajoutait lentement l'oxalate potassique au sulfate ferreux, l'oxalate ferreux formé se précipiterait, car il est difficilement soluble dans la solution de fer. Pour dissoudre le précipité, il faudrait chauffer la liqueur, après y avoir ajouté le complément de la solution d'oxalate de potassium.

La précipitation de l'oxalate ferreux est un accident qui se produit aussi toutes les fois que le révélateur contient un excès de fer, soit que l'on ait ajouté une trop forte proportion de la solution de sulfate ferreux, soit que cette solution soit trop concentrée.

11. Insistons enfin sur la nécessité d'employer de

l'oxalate neutre de potassium, et non pas de l'oxalate
acide ou bioxalate de potassium (sel d'oseille).

L'oxalate acide de potassium donnerait encore, avec
le sulfate ferreux, de l'oxalate ferreux :

$$C^2 O^4 HK + SO^4 Fe = C^2 O^4 Fe + SO^4 HK,$$
$$KO, HO, C^4 O^6 + 2(FeO, SO^3) = 2(FeO, C^2 O^3)$$
$$+ KO, HO, 2 SO^3.$$

Mais l'oxalate ferreux ne pourrait se dissoudre qu'en
très petite quantité dans la solution d'oxalate acide,
car cette solution, même saturée, n'est jamais très
concentrée. En effet, 100 parties d'eau ne dissolvent
que 2,5 parties d'oxalate acide, tandis qu'elles dissolvent 33 parties d'oxalate neutre. Le bain révélateur ne pourrait donc jamais contenir qu'une faible
quantité d'oxalate ferreux et, par suite, il manquerait
d'énergie.

12. Régénération des vieux bains. — Lorsqu'on
a développé trois ou quatre plaques 13 × 18 dans 60cc
de solution, le bain n'agit plus que très lentement.

De plus l'oxalate ferrique et le bromure ferrique,
qui s'accumulent dans le révélateur, exercent sur
les couches sensibles une action modératrice généralement nuisible à la perfection du cliché. Mais un
bain, qui a acquis une teinte rouge foncé, peut être
revivifié, en partie, par la désoxydation des sels ferriques.

Une simple exposition à la lumière ramène l'oxa-

late ferrique à l'état d'oxalate ferreux et le bromure
ferrique à l'état de bromure ferreux :

$$(C^2O^4)^3 Fe^2 = 2(C^2O^4Fe) + 2CO^2,$$

$$Fe^2O^3, 3C^2O^3 = 2(FeO, C^2O^3) + 2CO^2.$$

$$Fe^2Br^6 = 2FeBr^2 + 2Br,$$

$$Fe^2Br^3 = 2FeBr + Br$$

Ces réactions sont accélérées par l'acide tartrique.
En effet, tandis que les sels sont en général réduits
sous l'influence de la lumière, les matières organiques
sont au contraire oxydées. En mélangeant une matière organique à un sel, on accélère donc l'oxydation de l'un et la réduction de l'autre. Aussi M. Audra
recommande-t-il, pour régénérer les vieux bains de
fer, de leur ajouter 1 pour 100 de la solution suivante :

Eau. 100
Acide tartrique.   4

Le bain révélateur, ainsi additionné d'acide tartrique, est exposé au soleil, et au bout de quelques
heures, la désoxydation des sels ferriques est effec-
tuée. Le bain, de rouge foncé qu'il était, prend alors
une teinte rouge rubis.

En même temps il se dépose des cristaux vert
émeraude, qui se présentent sous forme de prismes
aplatis. Ces cristaux, solubles dans l'acide oxalique,
semblent être formés d'oxalate ferrico-potassique :

$$(C^2O^4)^3 Fe^2, C^2O^4K^2 + 6H^2O,$$

$$Fe^2O^3, 3C^2O^3, KO, C^2O^3 + 6HO.$$

Ce sel séjourne au fond du vase, et sa formation n'a d'autre inconvénient que d'appauvrir la solution. Pour éviter une trop grande abondance de cristaux, il ne faut ajouter aux vieux bains que la quantité d'acide tartrique nécessaire pour leur donner une légère réaction acide.

Le révélateur se régénère aussi au contact de lames de zinc :

$$Fe^2Br^6 + 2[(C^2O^4)^3Fe^2] + 3Zn = 3ZnBr^2$$
$$+ 6(C^2O^4Fe),$$
$$Fe^2Br^3 + 2(Fe^2O^3, 3C^2O^3) + 3Zn = 3ZnBr$$
$$+ 6(FeO, C^2O^3).$$

L'action est lente et n'a lieu qu'à la surface du métal, aussi faut-il, de temps en temps, débarrasser les lames du dépôt qui les recouvre.

13. Développement des plaques exposées normalement. — Le développement des plaques doit se faire dans le laboratoire photographique, à l'abri des rayons actiniques.

La plaque à développer est sortie du châssis, ou de la boîte à plaques, et est immergée, la face gélatinée en dessus, dans la cuvette contenant le bain révélateur.

Le bain est préparé, quelques instants avant de s'en servir, en versant dans un verre gradué les quantités nécessaires d'oxalate de potassium et de sulfate ferreux. Si les solutions étaient mélangées d'avance, l'oxalate ferreux s'oxyderait aux dépens de l'air et son action réductrice serait moins énergique.

La plaque doit être recouverte par le révélateur sans temps d'arrêt, car, si l'action du bain était inégale, certaines parties de la couche seraient plus développées les unes que les autres et feraient tache sur le cliché.

Si les solutions ne sont pas très abondantes, ou incline la cuvette de manière à faire passer le liquide dans un de ses angles. Puis on place la plaque dans le fond du bain et, en remettant la cuvette de niveau, le liquide vient baigner d'un seul coup toute l'étendue de la couche de gélatine.

Il faut agiter la cuvette pendant le développement, afin de renouveler les parties du bain en contact avec la plaque. Sans cette précaution, le bain s'épuiserait dans les parties de la couche fortement impressionnées, où il y a beaucoup de bromure d'argent à réduire, et conserverait toute son énergie dans les parties qui n'ont reçu qu'une faible action de la lumière. Ces dernières parties continuant à se développer pendant que le développement des grands noirs est arrêté, les oppositions du cliché seraient diminuées et l'image serait trop uniforme.

L'agitation du bain est aussi nécessaire pour éviter la formation de bulles d'air à la surface de la gélatine. Ces bulles d'air empêcheraient l'action du révélateur et donneraient lieu à autant de taches sur le cliché développé.

Lorsque la plaque est immergée dans le bain révélateur, l'image se développe d'autant plus rapidement que l'action de la lumière a été plus énergique. Dans des conditions normales, il faut attendre 15 secondes environ avant de voir apparaître la moindre trace d'image, puis les parties les plus lumineuses de l'objet se dessinent en noir, tandis que le reste du cliché demeure intact. Des parties moins noires, correspondant à des parties moins lumineuses de l'objet, se montrent ensuite et peu à peu toute l'image se révèle graduellement sans que deux demi-teintes d'inégale intensité apparaissent simultanément.

On peut, pendant le développement de l'image, retirer la plaque du bain et l'examiner par transparence, afin de mieux se rendre compte de l'effet du révélateur.

Cet examen du cliché peut se faire à la lumière jaune. En général, le laboratoire photographique est pourvu à cet effet d'une vitre jaune doublée d'un verre dépoli qui égalise la lumière. Cette vitre peut être découverte ou bouchée à volonté. La lumière jaune est presque sans effet sur la plaque lorsqu'elle est imprégnée du bain révélateur. La couleur rouge du bain est en effet éminemment anti-actinique, et de plus la couche impressionnable, étant humide, a beaucoup perdu de sa sensibilité. On peut même s'éclairer à la lumière jaune dès que la glace est dans le révélateur, car elle est protégée par le liquide comme elle le serait par un verre rouge.

Il vaut mieux toutefois ne pas exposer inutilement les plaques à la lumière du laboratoire. La lumière rouge, quelque foncée qu'elle soit, a toujours une action sur les couches sensibles; aussi est-ce une bonne précaution à prendre que de couvrir la cuvette pendant le développement.

14. Le moment où il faut faire cesser l'action du révélateur, pour obtenir un cliché suffisamment vigoureux, est toujours difficile à préciser. Ce n'est que par une grande habitude du développement des plaques d'une même marque que l'on parvient à n'avoir aucune hésitation à cet égard. L'examen de l'image par réflexion et par transparence, et l'inspection de l'envers de la plaque permettent cependant, dans une certaine mesure, de juger de ce que sera le cliché une fois terminé.

D'une manière générale, on doit prolonger l'action du révélateur jusqu'à ce que les parties de la plaque, qui n'ont été que très faiblement impressionnées, s'obscurcissent légèrement. On peut même attendre que les marges du cliché, qui sont restées à l'abri de la lumière, se voilent légèrement. A ce moment, la plaque, vue par réflexion dans le bain, présente une teinte grise générale qui ne permet pas de distinguer nettement l'image.

Examinée par transparence, l'image apparaîtra avec intensité et les détails les plus fins commenceront à s'empâter. Certaines couches sensibles sont même tellement opaques qu'il faut prolonger l'action du révélateur jusqu'à ce que l'image disparaisse presque complètement, sans quoi le cliché, une fois terminé, manquerait de vigueur.

En examinant l'envers de la plaque, on doit voir

l'image apparaître faiblement. En général, quand les grands noirs de l'image et les demi-teintes les plus foncées se distinguent au travers de la couche de gélatine, on peut arrêter l'action du révélateur. Mais l'aspect de l'image, vue au dos de la plaque, varie beaucoup suivant l'opacité de la couche sensible.

Une plaque, qui a reçu une exposition convenable, doit être complètement développée en 5 minutes.

15. Développement des glaces sous-exposées.

— Lorsqu'une plaque, très sensible, et par suite sujette au voile, a été très faiblement impressionnée, le révélateur ne trouve, même dans les parties les plus impressionnées de la couche, que peu de bromure d'argent à réduire ; il se porte alors sur les parties qui n'ont pas été frappées par la lumière et le cliché se voile avant que les grands noirs aient acquis l'opacité désirable.

Dans ce cas, l'image manque de vigueur et, pour remédier à ce défaut dans la mesure du possible, on doit traiter la plaque comme si elle avait été surexposée (**19**).

Si la plaque est suffisamment résistante au voile et si elle n'a pas été trop sous-exposée, l'image se développe lentement, les grands noirs seuls peuvent être amenés à l'opacité voulue et les demi-teintes manquent toujours d'intensité ; l'image est alors heurtée. C'est ce dernier cas que nous allons examiner.

Si l'image n'apparaît dans le bain révélateur normal qu'au bout de 30 secondes, 1 minute ou davantage, on peut être certain que la plaque n'a pas été suffisamment impressionnée.

Pour que les principales demi-teintes acquièrent l'opacité désirable, on est conduit à prolonger le développement outre mesure, et alors les grands noirs deviennent trop opaques avant que les faibles demi-teintes aient fait leur apparition.

Vue par réflexion dans le bain, l'image restera toujours nettement visible et l'on retirera la plaque du révélateur sans qu'elle ait acquis la teinte grise générale que doivent présenter les clichés normalement impressionnés.

Par transparence, l'image paraîtra franchement heurtée, et en regardant l'envers de la plaque, on verra l'image se dessiner nettement dès le début du développement.

Une plaque qui se comporte au développement comme nous venons de le dire, doit être retirée du révélateur lorsque les grands noirs de l'image ont acquis l'opacité des noirs d'une plaque convenablement impressionnée. En un mot, on doit développer le cliché en se guidant sur les noirs de l'image, sans se préoccuper des demi-teintes. En effet, si l'on prolongeait l'action du révélateur, on finirait le plus souvent par voiler la plaque sans pour cela faire apparaître plus de détails.

Ajoutons qu'un séjour exagéré dans le révélateur produirait un effet tout spécial : l'oxalate ferrique, qui prend naissance dans le bain, transformerait une par-

tie de l'argent noir en oxalate d'argent blanc, et les
noirs de l'image diminueraient d'opacité.

16. Pour tirer le meilleur parti possible d'une
plaque sous-exposée, il faut conduire le développement de manière à hâter l'apparition des demi-teintes
et à ralentir la venue des grands noirs. Certains
auteurs recommandent à cet effet d'employer un
révélateur aussi concentré que possible, afin d'agir
énergiquement, dès le début, sur les demi-teintes,
avant que les grands noirs aient eu le temps d'acqué-
rir de l'intensité. Un autre système, diamétralement
opposé, mais qui a aussi sa raison d'être, consiste à
employer des bains très dilués qui font venir lentement les noirs et laissent aux demi-teintes le temps
de se développer.

C'est cette dernière manière de procéder que nous
recommandons. Si l'on développe une plaque dans un
bain dilué (**20**), sans agiter la cuvette, le révélateur
s'épuise rapidement dans les grands noirs, mais con-
serve toute son énergie sur les demi-teintes. Les
parties foncées du cliché cessent donc de s'intensifier
tandis que les parties plus claires augmentent progressivement de vigueur. Quand le bain dilué a épuisé
son énergie, on termine le développement dans un
bain plus concentré.

17. On peut encore atténuer les oppositions d'un
cliché en ajoutant au révélateur des substances, dites
accélératrices, qui déterminent le développement
simultané des diverses parties du cliché et font venir

les faibles demi-teintes dès le début du développement.

Selon nous, les accélérateurs ne font pas apparaître plus de détails, et ils remédient plutôt à la dureté des clichés qu'à la sous-exposition elle-même.

L'hyposulfite de sodium est le plus efficace des accélérateurs [1]. La quantité de ce sel qu'il convient d'ajouter au bain de développement est très faible et ne doit jamais dépasser 0,001 pour 100. On prépare donc la solution suivante :

Eau. 200
Hyposulfite de sodium.   1

et pour développer des plaques sous-exposées, on ajoutera à 100cc de bain révélateur 2 à 4 gouttes de cette solution. M. Audra conseille, si l'on sait d'avance que la plaque a été sous-exposée, de la tremper pendant quelques minutes dans la solution d'hyposulfite, puis de la développer sans lavage préalable. L'image se dessine alors très rapidement, les grands noirs et les demi-teintes apparaissant presque simultanément. Le cliché, une fois terminé, n'est plus heurté et même souvent on peut lui reprocher de manquer de vigueur.

Il est difficile de se rendre compte exactement de la manière d'agir de l'hyposulfite de sodium.

Il se peut que l'action dissolvante qu'il exerce sur le bromure d'argent ait pour effet d'amener ce bromure en contact très intime avec le révélateur et

[1] L'action accélératrice de l'hyposulfite de sodium a été signalée, pour la première fois, par le capitaine Abney.

de favoriser ainsi les réactions dont la couche sensible est le siège. Mais peut-être le pouvoir accélérateur de l'hyposulfite de sodium est-il dû à l'action
qu'il exerce sur le bromure ferrique, d'une part, et
sur l'oxalate ferrique, d'autre part.

Ces deux sels, qui prennent naissance pendant le
développement (**5**), ont des propriétés modératrices
énergiques (**19**). Or, ils sont détruits par l'hyposulfite de sodium. Le bromure ferrique est converti en
bromure ferreux, bromure de sodium et hyposulfite
de peroxyde de sodium :

$$2\,S^2O^3Na^2 + Fe^2Br^6 = 2\,Fe\,Br^2 + 2\,Na\,Br + S^4O^6Na^2,$$
$$3(Na\,O,\,S^2O^2) + Fe^2Br^3 = 2\,Fe\,Br + Na\,Br$$
$$+ Na\,O^2,\,2\,S^2O^2.$$

Le bromure ferreux réagit ensuite sur une partie de
l'hyposulfite de sodium et donne du bromure de
sodium et de l'hyposulfite de fer :

$$S^2O^3Na^2 + Fe\,Br^2 = S^2O^3Fe + 2\,Na\,Br,$$
$$Na\,O,\,S^2O^2 + Fe\,Br = Fe\,O,\,S^2O^2 + Na\,Br.$$

D'un autre côté, l'oxalate ferrique se transforme en
oxalate ferreux, hyposulfite de fer, et oxalate de peroxyde de sodium :

$$S^2O^3Na^2 + (C^2O^4)^3Fe^2 = C^2O^4Fe + S^2O^3Fe$$
$$+ 2(C^2O^4Na),$$
$$Na\,O,\,S^2O^2 + Fe^2O^3.3C^2O^3 = FeO,\,C^2O^3 + FeO.S^2O^2$$
$$+ Na\,O^2,\,2\,C^2O^3\ (1).$$

<hr>

(1) Cette réaction n'est pas admise par tous les chimistes. Il se

Le bromure de sodium est encore un modérateur,
mais il agit beaucoup moins énergiquement que le
bromure ferrique; l'oxalate ferreux revivifie le bain et,
quant à l'hyposulfite de fer, il agit comme un réducteur très énergique. On sait, en effet, que la solution
d'hyposulfite de fer s'oxyde, même à l'air, en laissant
déposer des cristaux de sulfite ferreux. D'après le
Dr Vogel, c'est à la production de l'hyposulfite de fer
que l'on doit attribuer presque uniquement le pouvoir
accélérateur de l'hyposulfite de sodium.

18. Développement des plaques sur-exposées.
— Si la plaque a été sur-exposée, l'image apparait
dès que la gélatine est imprégnée du révélateur.

Les demi-teintes, au lieu de se dessiner les unes
après les autres par ordre d'intensité, apparaissent
simultanément, et les blancs du cliché sont voilés
avant que les noirs aient atteint la vigueur désirable.

La plaque, vue par réflexion dans le bain, prend
au bout de peu de temps une teinte grise générale
qui fait disparaître l'image. Par transparence, le
cliché est peu opaque et l'image sans vigueur. Enfin.
sur l'envers de la plaque, on ne voit aucune trace
de l'image.

peut, en effet, que l'oxydation de l'hyposulfite de sodium, par l'oxalate ferrique, donne lieu à du tétrathionate de sodium (Meldola) :

$$2(S^2O^3Na^2) + (C^2O^4)^3Fe^2 = 2(C^2O^4Fe) + C^2O^4Na^2 + S^4O^6Na^2.$$

$$2(NaO,S^2O^2) + Fe^2O^3,3C^2O^3 = 2(FeO,C^2O^3) + NaO,C^2O^3$$
$$+ NaO,S^4O^5.$$

Si certaines parties de l'objet sont très lumineuses, les parties correspondantes de l'image peuvent être solarisées et le dépôt d'argent dans ces régions du cliché ne dépasse jamais une certaine opacité. Quelle que soit la durée du développement, une plaque sur-exposée donnera toujours un cliché gris et uniforme, sans contraste et sans vigueur.

19. On peut remédier, jusqu'à un certain point, à un excès de pose et améliorer un cliché sur-exposé, en ajoutant au révélateur une substance qui contre-balance, en partie, l'action réductrice de l'oxalate ferreux.

On sait que si deux réactions inverses peuvent avoir lieu simultanément, celle qui est prédominante détermine le sens de la réaction, mais cette réaction est limitée à une certaine partie seulement des corps en présence. Si, par exemple, le bromure d'argent modifié est soumis en même temps à une action réductrice et à une action oxydante, il peut y avoir réduction, si l'action réductrice prédomine, mais il n'y aura réduction que d'une partie seulement du bromure d'argent modifié. La quantité de bromure modifié étant en raison de l'intensité de la lumière qui a agi, on peut dire que les oxydants détruisent en partie l'action de la lumière et conduisent au même résultat que si la durée de la pose avait été réduite.

Les agents oxydants, qui contrebalancent ainsi l'action réductrice de l'oxalate ferreux, sont appelés des *modérateurs*. L'ozone, l'eau oxygénée, le permanganate de potassium, le bichromate de potassium, les sels ferriques, etc., agissant à l'inverse de l'oxalate ferreux, sont de puissants modérateurs, et, employés en trop grande quantité, ils peuvent même empêcher complètement le développement de l'image latente. C'est ainsi qu'une plaque plongée pendant quelques minutes dans un bain de bichromate de potassium à 2 pour 100, ne donne plus trace de réduction dans les révélateurs.

Les acides, qui tendent à former des sels avec l'argent réduit, sont encore des modérateurs.

D'autres substances agissent plus directement; ce sont celles qui peuvent reformer du bromure d'argent en apportant du brome à l'argent réduit. C'est ainsi que le brome, le bromure ferrique et le bromure cuivrique jouent le rôle de modérateurs :

$$Fe^2Br^6 + 2Ag = 2FeBr^2 + 2AgBr.$$
$$Fe^2Br^3 + Ag = 2FeBr + AgBr.$$
$$2CuBr^2 + 2Ag = Cu^2Br^2 + 2AgBr.$$
$$2CuBr + Ag = Cu^2Br + AgBr.$$

Les bromures alcalins, qui n'existent qu'à l'état de protobromures, agissent d'une tout autre manière : ils forment avec le bromure d'argent des bromures doubles. Ainsi le bromure de potassium donne naissance au composé :

$$AgBr, 2KBr.$$

On peut aussi obtenir des chlorures et des iodures doubles en faisant dissoudre le chlorure ou l'iodure d'argent dans des dissolutions chaudes et concentrées d'un chlorure ou iodure alcalin (Becquerel, Boullay).

Or le révélateur n'agit pas sur ces bromures doubles, de sorte que son rôle consiste à réduire seulement la partie du bromure modifié qui n'entre pas dans la composition du bromure double. La quantité de bromure d'argent susceptible d'être réduit, diminue donc quand on ajoute au révélateur du bromure de potassium, et l'on obtient le même résultat que si l'action de la lumière avait été plus faible.

Dès que l'on s'aperçoit que la plaque a été sur-exposée, on ajoute à chaque 100cc de révélateur 5 à 10 gouttes de la solution suivante :

Eau. 100
Bromure de potassium. 10

On obtient une action plus énergique du modérateur en retirant la plaque du révélateur dès que l'on a reconnu qu'elle est sur-exposée et en la plongeant pendant deux minutes dans un bain à 2 pour 100 de bromure de potassium. On continue ensuite le développement comme à l'ordinaire.

Si l'on sait d'avance que la plaque a été sur-exposée, il faut ajouter le sel de potassium avant que le développement ne soit commencé. L'action du modérateur est alors incomparablement plus énergique que s'il était ajouté lorsqu'une partie du bromure d'argent est déjà réduite.

Dès que l'on ajoute du bromure de potassium au révélateur, le développement se ralentit considérablement et les contrastes de l'image sont augmentés. Par un emploi judicieux du modérateur, on peut tirer parti d'une plaque qui a reçu une exposition dix fois plus longue que le temps de pose normal. Une plaque sous-exposée, au contraire, ne pourra jamais donner un bon cliché, car elle manquera toujours de détails.

Il est donc préférable, selon nous, de dépasser le temps de pose normal que de poser insuffisamment.

Les modérateurs empêchent aussi la réduction du bromure d'argent non modifié et préviennent ainsi le voile. C'est à ce titre qu'ils sont employés pour améliorer les plaques très faiblement impressionnées (15). Ils augmentent les contrastes de l'image en empêchant la formation d'un voile sur les demi-teintes, mais ils ne peuvent pas augmenter l'opacité des noirs. Aussi, lorsqu'un cliché sous-exposé est développé avec un modérateur, a-t-il presque toujours besoin d'être renforcé.

A défaut de bromure de potassium, on peut employer, comme modérateur, une solution de bromure d'ammonium, mais on préfère le sel de potassium au sel d'ammonium à cause de sa plus grande stabilité.

Les bains révélateurs qui ont déjà développé plusieurs plaques, étant chargés d'oxalate ferrique et de bromure ferrique (5), agissent comme des bains neufs additionnés d'un modérateur.

Les bains revivifiés, n'étant jamais complètement

désoxydés, possèdent également des propriétés modératrices.

20. Le bain révélateur, préparé comme nous l'avons dit (**7**), est saturé d'oxalate ferreux.

Dans certains cas, il peut être avantageux d'employer un bain moins concentré. Pour diluer un bain, il ne faut jamais y ajouter de l'eau ordinaire, sous peine de voir se précipiter de l'oxalate de chaux insoluble. On peut étendre le révélateur d'eau distillée ou mieux de la solution d'oxalate de potassium. Quand on veut préparer d'emblée un bain peu concentré, on ajoute, à la quantité d'oxalate de potassium que nous avons indiquée, la moitié ou le tiers de la quantité normale de sulfate ferreux.

La concentration du bain influe seulement sur la durée du développement. Toutes les molécules de bromure d'argent modifié qui sont atteintes par un bain très énergique, dans un temps donné, le sont encore par un bain dilué, mais dans un temps plus long. L'image se présente donc de la même manière, que le révélateur soit concentré ou non. Un bain dilué ne peut pas modifier les contrastes de l'image : son seul effet est de prolonger la durée du développement ; il agit par conséquent comme *retardateur* et non comme *modérateur*. Un bain dilué n'est donc pas un remède contre un excès de pose, mais si l'on a lieu de supposer que le temps de pose n'a pas été correct, il est prudent de ne commencer le développement qu'avec très peu d'oxalate ferreux. L'image

apparaît alors lentement, et si la plaque a été sur-
exposée, on a le temps de remédier à l'excès de pose
avant que le développement ne soit trop avancé. *

21. Les accélérateurs et les modérateurs ne sont
pas seulement utiles pour remédier à un temps de
pose incorrect, ils permettent aussi de contrebalan-
cer les défauts inhérents au sujet à photographier.

En effet, si l'objet à reproduire présente des contrastes violents, ou si, au contraire, il est terne et
uniforme, l'image développée normalement sera
toujours trop heurtée dans le premier cas, et trop
douce dans le second. Or, en se basant sur ce qui
précède, on peut diriger le développement de manière à remédier à ces défauts.

Si le sujet présente de grandes oppositions, on
aura recours à un accélérateur et l'on traitera la
plaque comme si elle était sous-exposée. Au contraire,
si le sujet est uniforme, on donnera de la vigueur
à l'image en employant un modérateur et en traitant
la plaque comme si elle était sur-exposée.

CHAPITRE III.

DÉVELOPPEMENT A L'ACIDE PYROGALLIQUE.

22. Manière d'agir du révélateur à l'acide pyrogallique. — L'acide pyrogallique ou pyrogallol ($C^6 H^6 O^3$, $C^{12} H^6 O^6$) est une poudre blanche que l'on extrait de la noix de galle. Elle se dissout dans 2,5 fois son poids d'eau et est très soluble dans l'alcool et l'éther.

Ses solutions, exposées à l'air, absorbent lentement l'oxygène en donnant des produits bruns encore peu connus et des acides tels que l'acide oxalique, l'acide acétique et l'acide carbonique :

$$C^6 H^6 O^3 + 7 O = C^2 H^2 O^4 + C^2 H^4 O^2 + 2CO^2.$$
$$C^{12} H^6 O^6 + 14 O = C^4 H^2 O^8 + C^4 H^4 O^4 + 4 CO^2.$$

En ajoutant aux solutions d'acide pyrogallique un alcali, qui peut s'emparer de ces acides au fur et à mesure de leur production, on active considérablement l'absorption de l'oxygène.

A l'abri de l'air, le mélange d'acide pyrogallique et d'alcali ne brunit pas et, en saturant par l'ammoniaque une solution éthérée d'acide pyrogallique, il se dépose des cristaux blancs de pyrogallate d'ammonium :

$$C^6 H^5 O^3 AzH^4, \qquad AzH^4 O, C^{12} H^5 O^5.$$

Au contact de l'air, ce sel s'oxyde de suite.

Le résultat de l'action complète de l'oxygène sur un mélange d'acide pyrogallique et d'ammoniaque est une substance incristallisable appelée la *pyrogalléine* :

$$C^{18} H^{20} Az^6 O^{10}, \qquad C^{18} H^{10} Az^3 O^{10}.$$

L'avidité de l'acide pyrogallique pour l'oxygène lui donne des propriétés réductrices et lui permet de jouer le rôle de révélateur. La réduction du bromure d'argent se fait, comme dans le cas de l'oxalate ferreux, par l'intermédiaire de l'eau (**3**). L'affinité de l'acide pyrogallique pour l'oxygène, d'une part, et l'affinité du brome pour l'hydrogène, d'autre part, déterminent la décomposition de l'eau. Il se forme de l'acide bromhydrique et de l'argent métallique est précipité.

Mais le développement de l'image, qui est très lent avec une simple dissolution d'acide pyrogallique, est considérablement activé par l'addition d'un alcali. Cet alcali favorise le développement, non seulement en s'emparant des acides provenant de l'oxydation de l'acide pyrogallique, mais aussi en se combinant à l'acide bromhydrique produit par la décomposition de l'eau. Il se forme donc, dans le bain révélateur du bromure d'ammonium.

La formule de la réaction est la suivante :

$$C^{16}H^6O^3 + 2AgBr + 2AzH^3 + H^2O$$
$$= (C^6H^6O^3 + O) + 2Ag + 2AzH^4Br,$$

$$C^{12}H^6O^6 + AgBr + AzH^3 + HO$$
$$= (C^{12}H^6O^6 + O) + Ag + AzH^4Br.$$

23. Préparation du bain révélateur ([1]). — D'après ce qui précède, le bain révélateur doit consister en une solution d'acide pyrogallique additionnée d'un alcali. Cet alcali peut être la potasse, la soude, l'ammoniaque ; ou les carbonates, ou les sulfites de ces bases. Avec la potasse et la soude le bain se colore rapidement en absorbant l'oxygène de l'air, et la réaction a lieu plutôt au sein du liquide que sur la plaque photographique.

Le développement est alors très lent et les clichés sont généralement heurtés. De plus, la potasse et la soude provoquent, plus facilement que l'ammoniaque, le soulèvement de la couche sensible.

Des trois premiers alcalis, que nous avons indiqués, on doit donc préférer l'ammoniaque.

24. Lorsqu'on développe une plaque dans une solution d'acide pyrogallique additionnée d'ammoniaque, l'expérience apprend que, pour une même quantité d'acide pyrogallique, l'intensité de l'image croît avec la quantité d'ammoniaque jusqu'à une certaine limite seulement. Passé cette limite, les grands noirs

([1]) Le développement à l'acide pyrogallique a été indiqué, pour la première fois, par le major Russel en 1862.

des clichés acquièrent moins d'intensité et les demi-teintes, ainsi que les blancs, se voilent. L'image devient alors grise et uniforme. Avec une forte dose d'ammoniaque on peut accentuer ce défaut au point de déterminer le renversement de l'image.

La quantité maxima d'ammoniaque que l'on peut ajouter sans nuire à l'image, est de 10 parties d'ammoniaque pour 1 d'acide pyrogallique. Mais, si la plaque a été normalement impressionnée, elle se développera entièrement avec 2 parties seulement d'ammoniaque pour 1 d'acide pyrogallique. En tout cas, il est prudent de commencer le développement avec parties égales des deux substances, quitte à augmenter la dose d'ammoniaque s'il y a lieu.

La dissolution ammoniacale étant très volatile, sa teneur en gaz ammoniac peut varier entre des limites assez étendues. Nous supposons que l'on emploie la solution du commerce qui marque 22° au pèse-esprit Baumé. Sa densité est 0.924 et elle contient 20 parties en poids de gaz ammoniac pour 100 parties d'eau.

25. La production d'un voile par un excès d'ammoniaque ne doit pas nous surprendre. On sait, en effet, que l'ammoniaque est employée pour mûrir l'émulsion au gélatino-bromure d'argent, c'est-à-dire pour transformer le bromure ordinaire en bromure plus sensible à la lumière, et par suite plus voisin de l'état modifié. On conçoit donc qu'un excès d'ammoniaque puisse modifier le bromure d'argent et lui permettre d'être décomposé par les révélateurs sans le secours de

la lumière. La manière d'agir de l'ammoniaque dans
cette circonstance est assez difficile à expliquer, car
l'ammoniaque est sans action chimique sur le bromure d'argent. Il est vrai qu'elle dissout une petite
quantité du composé sensible [*] et qu'elle amène
ainsi le révélateur en contact plus intime avec le
bromure d'argent; mais il est probable que l'action
de l'ammoniaque est due plutôt à la destruction de
toute trace d'acide libre. On sait, en effet, que les acides
agissent comme modérateurs (**19**) et, par conséquent,
leur neutralisation doit faciliter la décomposition du
bromure modifié. Remarquons aussi que la transformation du bromure ordinaire en bromure modifié,
par l'ammoniaque, peut être un phénomène analogue
à la transformation du soufre prismatique en cristaux
octaédriques, par le simple contact du sulfure de
carbone.

26. Les qualités révélatrices d'un bain dépendent
du rapport de l'ammoniaque à l'acide pyrogallique et
sont à peu près indépendantes de la concentration du
bain (**20**). Plus la solution est diluée, plus le développement est lent, mais le résultat final est toujours
sensiblement le même.

D'un autre côté, le bain ne doit pas être trop concentré, sans quoi la grande quantité d'ammoniaque
qu'il contiendrait voilerait la plaque (**35**).

[*] D'après Pohl, une partie de bromure d'argent se dissout, à
la température de 80°, dans 1000 parties d'une dissolution ammoniacale de densité 0,986.

Un bain normal contient 3 pour 100 d'acide pyrogallique.

Pour prévenir le voile que peut déterminer l'ammoniaque, le bain révélateur doit contenir, dans tous
les cas, 0,5 pour 100 environ de bromure alcalin.

Mais si l'on attend du bromure alcalin un effet particulier, on doit en augmenter la dose (**19**).

27. Un bain révélateur à l'acide pyrogallique et
à l'ammoniaque doit donc contenir en moyenne :

Eau.	100,0
Acide pyrogallique.	0,3
Ammoniaque à 22°.	0,5, 1 et au plus 5.
Bromure de potassium.	0,5

Ce bain peut être préparé de bien des manières
différentes.

Généralement, on dissout l'acide pyrogallique dans
l'eau ou l'alcool au titre de 10 pour 100. Les solutions
alcooliques ont l'avantage de s'altérer moins rapidement, au contact de l'air, que les dissolutions
aqueuses.

L'ammoniaque peut être employée pure, par gouttes,
ou étendue d'eau. Les solutions très étendues sont à
recommander comme étant moins volatiles que la solution à 22° Baumé.

Quelques praticiens font deux solutions : l'une
d'acide pyrogallique, l'autre d'ammoniaque, et les
étendent suffisamment pour qu'en mélangeant parties
égales des deux solutions, le bain se trouve préparé

D'autres opérateurs mettent de l'eau pure dans leur
cuvette et y ajoutent de l'acide pyrogallique en poudre
et de l'ammoniaque en solution concentrée. Certains
auteurs recommandent de faire tremper la plaque
dans la solution d'acide pyrogallique et d'ajouter
l'ammoniaque goutte à goutte; d'autres préconisent
le système inverse, etc., etc. Ces différentes manières
d'opérer conduisent généralement au même résultat,
pourvu que les substances qui composent le bain
soient employées dans les mêmes proportions.

28. Parmi les carbonates alcalins, le carbonate de
potassium et le carbonate de sodium donnent de très
bons résultats. Ajoutés en excès à la solution d'acide
pyrogallique, ils ne voilent pas la plaque comme le
font l'ammoniaque et le carbonate d'ammoniaque.

Aussi, peut-on pousser le développement beaucoup
plus loin avec les révélateurs aux carbonates qu'avec
les révélateurs à l'ammoniaque.

En général, les révélateurs aux carbonates contiennent un peu plus d'acide pyrogallique que les révélateurs à l'ammoniaque. Nous adopterons le taux de 0,5
pour 100. On peut commencer le développement avec
parties égales d'acide pyrogallique et de carbonate de
potassium. Mais on est souvent obligé d'augmenter
la dose du sel alcalin pendant le développement. On
peut être conduit à décupler la dose primitive; en
général, on ne dépasse pas 2 pour 100.

L'addition d'un bromure alcalin dans un bain
normal est inutile.

Un révélateur au carbonate de potassium doit donc se composer de :

Eau.	100,0
Acide pyrogallique.	0.5
Carbonate de potassium. .	0.5 à 2 et quelquefois 5.

Si le carbonate de potassium est employé à l'état de solution saturée, cette solution devra être fraîchement préparée, car les dissolutions concentrées absorbent facilement l'acide carbonique de l'air et le carbonate se transforme en bicarbonate. A la température ordinaire, l'eau dissout 100 pour 100 de carbonate de potassium, et la densité de la solution ainsi obtenue est 1,54. 1ᵍʳ de carbonate de potassium solide est contenu dans 2ᶜᶜ, soit 30 gouttes de cette solution.

Si l'on veut faire la solution de carbonate de potassium à 100 pour 100, sans avoir à peser le sel, on ajoutera à 100ᶜᶜ d'eau une quantité suffisante de carbonate pour que le volume du liquide s'élève à 143ᶜᶜ. La dissolution se fait très rapidement, même à froid.

29. Les bains révélateurs à l'ammoniaque ou au carbonate, préparés comme nous venons de le dire. se colorent assez rapidement pendant le développement, et la plaque, lorsqu'elle est retirée du bain, est plus ou moins teintée en jaune.

Cette coloration de la couche de gélatine est d'autant plus intense que le bain renferme une plus grande quantité d'alcali et que le développement est plus prolongé. Un cliché teinté en jaune par le déve-

loppement alcalin donne d'aussi bonnes épreuves sur
papier qu'un cliché parfaitement transparent; la coloration étant générale, produit le même effet qu'un
verre jaune juxtaposé au cliché. Cependant on préfère,
en général, que le bain se colore le moins possible,
afin que le cliché reste pur et présente l'apparence
des clichés développés à l'oxalate ferreux.

Ajoutons que la teinte jaune du cliché se modifie peu
à peu sous l'action de la lumière, pendant le tirage
des épreuves positives.

L'oxydation du révélateur et par suite sa coloration,
sont dues à deux causes : à la réduction du sel d'argent, d'une part, et à l'absorption de l'oxygène de
l'air, d'autre part. En ajoutant au bain révélateur
une substance plus oxydable que l'acide pyrogallique,
l'action de l'air ne se fait sentir que sur cette
substance et l'acide pyrogallique n'est plus oxydé que
par le fait du développement de l'image. Si la substance que l'on fait intervenir dans le bain donne, en
s'oxydant, des produits incolores, on comprend que la
coloration du bain sera considérablement diminuée.
La substance oxydable à laquelle on a recours est le
sulfite neutre de sodium. Ce sel s'oxyde à l'air en
donnant du sulfate de sodium :

$$SO^3Na^2 + O = SO^4Na^2,$$
$$NaO, SO^2 + O = NaO, SO^3.$$

L'oxydation est plus rapide en présence d'un acide
tel que l'acide citrique : il chasse l'acide sulfureux

qui se dissout dans le liquide et, en même temps, forme du citrate tribasique de sodium.

$$3\,SO^3\,Na^2 + 2\,C^6H^8O^7 = 3\,SO^2 + 2\,C^6H^5O^7Na^3 + 3\,H^2O,$$

$$3\,(NaO,SO^2) + C^{12}H^8O^{14} = 3\,SO^2 + (NaO)^3, C^{12}H^5O^{14} + 3\,HO.$$

L'action oxydante de l'air, au lieu de s'exercer sur le sulfite de sodium, transforme l'acide sulfureux, dissous dans le liquide, en acide sulfurique. Cet acide libère une nouvelle quantité d'acide sulfureux qui est oxydé à son tour, et le même phénomène se renouvelle au fur et à mesure que l'oxydation se poursuit.

30. Les cristaux et la solution de sulfite de sodium contiennent souvent du sulfate de sodium provenant d'une oxydation à l'air. Ce sulfate est généralement nuisible, car il agit comme modérateur; de plus, le sulfite, une fois oxydé, ne peut plus jouer, dans le révélateur, le rôle que l'on en attend. On doit donc faire usage de cristaux bien purs et n'employer que des solutions fraîchement préparées. Peut-être y aurait-il avantage à employer la solution mère de sulfite de sodium. Cette solution résisterait mieux à l'action oxydante de l'air que les cristaux du sel.

Pour s'assurer de la pureté du sulfite de sodium, on traite la solution de ce sel par l'acide chlorhydrique. L'acide sulfureux se dégage et il se forme du chlorure de sodium. Lorsque le sulfite est entièrement décomposé, on ajoute à la solution du chlorure de baryum. Si ce dernier sel rencontre du sulfate de sodium, il se formera un abondant précipité blanc. Pour que l'expérience soit concluante, il faut, bien entendu, que les solutions soient préparées avec de l'eau distillée et que les réactifs soient purs.

31. Le sulfite de sodium, que l'on ajoute au révélateur pour absorber l'oxygène de l'air, peut y jouer d'autres rôles. C'est ainsi qu'il peut révéler l'image sans le secours d'un autre alcali (¹). Le développement est lent, mais donne des clichés très purs qui ne sont jamais voilés. L'emploi du sulfite de sodium, comme révélateur, est donc à recommander pour les plaques très sous-exposées ou au contraire sur-exposées. M. P. Poiré, qui a étudié récemment les propriétés révélatrices du sulfite de sodium, a reconnu que le sel pur agit aussi bien que le sel du commerce. Le développement de l'image n'est donc pas dû aux traces de carbonate de potassium que peut contenir le sel impur.

Si l'acide pyrogallique est remplacé par l'hydroquinone, le sulfite de sodium ne développe pas l'image latente. Il semble donc que son action est différente de celle des autres alcalis.

D'après le capitaine Abney, le sulfite de sodium formerait, avec l'acide pyrogallique (jouant le rôle, dans ce cas, de base et non plus d'acide), un sulfite de pyrogallol. Ce sel, très oxydable, réduirait le bro-

---

(¹) Les propriétés révélatrices du sulfite de sodium ont été signalées, pour la première fois, par Watmough-Webster.

mure d'argent modifié, et s'oxyderait en donnant des produits incolores.

En outre, le sulfite de sodium ramollit la couche de gélatine et dissout le bromure d'argent; on ne doit donc pas l'employer en trop grande quantité dans le révélateur. La proportion généralement adoptée est de 3 parties de sulfite pour 100 parties de bain; mais cette dose peut varier, sans inconvénients, entre des limites très étendues.

32. Le bain révélateur au carbonate de potassium et au sulfite de sodium se compose donc de :

Eau.	100,0
Acide pyrogallique..	0,5
Carbonate de potassium.	0,5 à 2 et jusqu'à 5.
Sulfite de sodium.	3,0

Certains opérateurs font trois solutions séparées de chacune des substances et réunissent ces solutions de manière que le bain ait la composition ci-dessus. D'autres praticiens dissolvent d'un côté l'acide pyrogallique et d'un autre côté le carbonate; ils ajoutent alors le sulfite de sodium soit à l'une, soit à l'autre de ces solutions et quelquefois aux deux. Enfin, on recommande aussi, pour mettre en liberté de l'acide sulfureux, d'additionner la solution de 2 à 3 gouttes d'acide sulfurique ou de 0gr.05 d'acide citrique. Ces acides doivent être ajoutés au bain avant l'alcali, sans quoi ils seraient immédiatement neutralisés et, par conséquent, sans effet.

Lorsque l'on fait une solution séparée de sulfite de

sodium, le sel peut être dissous à saturation. A la
température ordinaire, l'eau dissout 50 pour 100 de
sulfite de sodium. La solution se fait lentement à froid
et peut être activée sans inconvénients par la chaleur.
Si l'on veut se dispenser de peser le sel, on ajoute
à 100cc d'eau une quantité de sulfite de sodium suffisante pour élever le volume du liquide à 133cc. 1gr de
sulfite de sodium est alors contenu dans 2cc,5, soit
37 gouttes de la solution.

33. Nous résumons, dans les Tableaux suivants, les
formules de développement à l'acide pyrogallique qui
ont été indiquées par les principaux praticiens et
fabricants de plaques photographiques. Les nombres
de ces Tableaux représentent les poids des diverses
substances qui composent 100 parties de bain révélateur. Rapportées ainsi à une même mesure, ces
diverses formules diffèrent peu les unes des autres.

Révélateurs à l'ammoniaque.

AUTEURS.	ACIDE pyrogallique.	AMMONIAQUE.	BROMURE de potassium.	BROMURE d'ammonium.	SULFITE de sodium.
Capt. Abney.........	0,4	0,3 à 0,9	»	0,4 à 0,8	»
M. Audra...	0,5	1,0	1,0	»	»
Plaques Britannia	0,4	0,9	»	0,4	»
M. Davanne.........	0,6	1,5	0,6	»	»
Papier négatif Eastmann.........	0,4	0,6	»	0,1	»
Plaques Fry (formule du Dr Eder)......	0,4	0,5	0,1	»	»
» Ilford.........	0,4	1,0	»	0,5	»
» Monckhoven	0,2	0,4 à 0,9	»	0,3	»
» Paget.........	0,4	0,5	»	0,9	1,5
» Puech (Merveilleuses)......	0,3	1,0	0,4	»	»
Cartons pelliculaires Thiébaut	0,6	1,5	0,6	»	»
Plaques Thomas.........	0,2	0,5	»	0,2	0,8
» Wratten et Wrainwright......	0,6	0,5	0,4	»	»

Révélateurs au carbonate de potassium.

AUTEURS.	ACIDE pyrogallique.	CARBONATE de potassium.	SULFITE de sodium.
M. Beach, pour plaques sous-exposées	1.0	4,3	6,8
M. Beach, pour plaques normalement exposées	0,8	1,7	3,4
Plaques Beernaert	1,0	3,3	6,6
Papier négatif Eastmann	0,9	3,8	5,4
Plaques Guilleminot	0,7	2,1	0,6
M. Hickel	0,7	1.0	4,0
Plaques Vogel à l'azaline	0,2	1,5 à 2,2	10,0

Révélateurs au carbonate de sodium.

AUTEURS.	ACIDE pyrogallique.	CARBON. de sodium.	SULFITE de sodium.
Capt. Abney	0.7	4,4	3,8
M. Balagny	0,6	3,5	1,6
Dr Eder	0,4	1,3	2,7

34. En général, on fait des solutions séparées des substances qui doivent composer le révélateur et l'on prépare le bain en mélangeant ces solutions en proportions convenables. Nous avons déjà dit que l'on pouvait s'y prendre d'une infinité de manières différentes pour préparer et mélanger ces solutions (**27**). Le résultat final est toujours sensiblement le même; aussi nous contenterons-nous d'indiquer la manière d'opérer que nous avons adoptée et qui nous satisfait à tous les égards.

Le révélateur que nous employons contient de l'acide pyrogallique, du carbonate de potassium et du sulfite de sodium, dans les proportions indiquées ci-dessus (**32**). Cela posé, supposons qu'il s'agisse de développer une plaque 13 × 18. On verse, dans la cuvette réservée au développement, le volume d'eau nécessaire pour baigner entièrement la plaque. Il est inutile de mesurer ce volume d'eau, car on peut sans inconvénients en employer plus ou moins. En général, 60cc de bain sont suffisants. L'eau peut être de l'eau ordinaire, quoiqu'il soit cependant préférable de faire usage, quand on le peut, d'eau distillée. Il semble que le bain se colore moins fortement quand l'eau est pure.

On verse ensuite dans la cuvette quelques centimètres cubes d'une solution saturée de sulfite de sodium. Pour que le bain contienne 3 pour 100 de sel, il faut verser 5cc de la solution. Avec un peu d'habitude, on arrive à estimer ce volume sans avoir à le mesurer.

L'acide pyrogallique est employé à l'état solide. Un bain de 60cc doit en contenir 0gr,3. Si l'acide est de bonne qualité, il se dissout immédiatement sans laisser de résidu noir (¹). Après avoir pesé plusieurs fois 0ᵍʳ,3 d'acide pyrogallique, on se rend compte du volume que représente ce poids et l'on arrive à se passer complètement de la balance. On extrait la poudre blanche du flacon avec une cuiller ou une spatule en os et, avec un peu d'habitude, on prend toujours, à peu de chose près, la même quantité du produit.

La plaque est ensuite immergée dans le bain préparé comme il vient d'être dit et, au bout d'une demi-minute environ, on commence à ajouter, goutte à goutte, une solution saturée de carbonate de potassium. On débute par 6 gouttes et l'on augmente cette dose au fur et à mesure des besoins (**28**). On n'emploie le bromure de potassium que s'il y a lieu de corriger un excès de pose (**19**).

On agite la cuvette pendant le développement pour les raisons précédemment indiquées (**13**).

Ajoutons que nous n'employons jamais que des dissolutions fraîches de sulfite de sodium et de carbonate de potassium. Nous préparons ces solutions en petites quantités, en ajoutant à un excès de sel un volume d'eau indéterminé.

35. Développement des plaques sous-exposées et sur-exposées. — Le bain de développement, préparé comme nous venons de l'indiquer, convient aux plaques qui ont reçu une exposition normale. Ce

---

(¹) Le résidu noir que laisse quelquefois l'acide pyrogallique en se dissolvant est de l'acide gallulmique ou métagallique.

bain développe régulièrement le cliché, et l'image apparaît comme dans le cas du révélateur à l'oxalate ferreux (**13**).

Mais, si l'on reconnaît que la plaque a été sous-exposée ou sur-exposée (**15, 18**), il y a lieu de modifier les proportions des substances qui composent le bain, afin de tirer le meilleur parti possible de la plaque défectueuse.

Pour opérer en pleine connaissance de cause, il faut connaître le mode d'action particulier de chacune des substances qui composent le révélateur.

L'alcali peut être considéré comme jouant un double rôle dans le bain de développement : une partie est employée à neutraliser les acides (**22**) et à accélérer ainsi la réduction du bromure d'argent. La quantité d'alcali absorbée de ce chef varie en raison de la quantité d'acide pyrogallique contenue dans le révélateur. Une autre partie de l'alcali reste libre dans le bain et peut agir directement sur la plaque. Or, nous avons vu précédemment (**25**) que les alcalis tendent à transformer le bromure d'argent en bromure modifié. L'alcali, qui agit directement sur la plaque, peut donc modifier le bromure d'argent, légèrement frappé par la lumière, et l'amener au même état moléculaire que le bromure qui a reçu une impression énergique. Dès lors le révélateur agira simultanément sur les demi-teintes et les grands noirs et les fera venir presque en même temps. L'alcali agit donc comme un accélérateur, et diminue les oppositions du cliché.

Si l'on augmente la dose d'acide pyrogallique, le
bain se concentre et le développement est plus rapide.
En même temps la quantité d'alcali libre diminue et
son action particulière, sur le bromure d'argent, est
moins marquée. En ajoutant de l'acide pyrogallique
au révélateur, on produit le même effet que si l'on
diminuait la quantité d'ammoniaque et l'on augmente,
par suite, les contrastes du cliché. A ce point de vue,
l'acide pyrogallique agit, indirectement, comme un
modérateur.

Quant au sulfite de sodium, il est en assez faible
quantité dans le révélateur, pour que l'on puisse
négliger son action réductrice et le considérer comme
n'ayant d'autre effet que d'empêcher la coloration du
bain.

36. Ce que nous venons de dire nous indique la
marche à suivre pour remédier aux défauts d'un cliché.

Si la plaque est sujette au voile, et si elle a reçu
une exposition très insuffisante, il ne faut pas employer trop d'alcali, car la plaque se voilerait et donnerait une image grise et uniforme. On mettra donc
une faible proportion d'alcali, par rapport à la dose
d'acide pyrogallique; l'image se développera très lentement, mais acquerra suffisamment de vigueur.

Si, par suite d'un manque de pose, l'image est trop
heurtée, il faut forcer la dose d'alcali et réduire la
quantité d'acide pyrogallique. L'alcali tend à voiler
la plaque et donne des clichés doux.

Lorsque les détails sont venus, on achève le

développement en ajoutant de l'acide pyrogallique.

On diminue aussi les contrastes de l'image en laissant le bain en repos pendant le développement (**16**). Mais, si le bain est concentré, un manque d'agitation produit des marbrures à la surface du cliché.

L'hyposulfite de sodium n'a pas d'action accélératrice dans le bain alcalin. Ce sel doit, en effet, ses propriétés accélératrices aux réactions qu'il donne avec les sels ferriques (**17**). Or, il n'existe pas de sels de fer dans le révélateur alcalin.

Si la plaque est sur-exposée, on augmentera les contrastes de l'image en commençant le développement avec très peu d'alcali. On pourra, pendant le cours du développement, ajouter, comme modérateur, de l'acide pyrogallique ou quelques gouttes d'une solution de bromure de potassium. Ce sel s'emploie comme nous l'avons dit à propos du révélateur à l'oxalate ferreux (**19**).

On voit donc que, par un emploi judicieux de l'alcali et de l'acide pyrogallique, on peut remédier à un excès ou à un manque de pose.

Il est plus facile cependant de tirer parti d'une plaque sur-exposée que d'une plaque sous-exposée, aussi vaut-il mieux prolonger l'action de la lumière que de rester en dessous du temps de pose.

En variant les proportions d'alcali et d'acide pyrogallique, on peut aussi améliorer l'image d'un objet trop uniforme ou à contrastes trop violents (**21**).

37. Lorsqu'on est conduit à s'écarter beaucoup de

la formule normale de développement, l'apparition de l'image est souvent très lente. Chaque fois que l'on ajoute de l'alcali ou de l'acide pyrogallique, il faut attendre que le réactif ait produit son effet avant de procéder à une nouvelle addition de la substance. Aussi le développement alcalin demande-t-il beaucoup de patience, car, dans certains cas, il n'est complet qu'au bout d'une demi-heure ou trois quarts d'heure.

Quand le développement est aussi prolongé, la couche de gélatine est en général fortement colorée, malgré l'emploi du sulfite de sodium. Cette coloration, en enlevant de la transparence à la plaque, rend plus difficile l'examen du cliché. Quelquefois le développement n'est terminé que lorsque la plaque est devenue entièrement opaque.

38. Comparaison entre le développement au fer et le développement alcalin. — Le développement alcalin présente, sur le développement au fer, un avantage incontestable :

Tandis que le bain de fer a une composition sensiblement constante et agit toujours de même, le bain alcalin peut être modifié à l'infini et permet d'obtenir des effets très variés.

Cette diversité d'action du bain alcalin est précieuse quand on doit développer des plaques exposées dans des conditions très différentes, et quand on veut obtenir une image produisant un effet déterminé.

Le développement alcalin, donnant au photographe

une très grande latitude dans l'estimation du temps
de pose, est employé avantageusement lorsqu'il est
difficile de juger de l'éclairage d'un objet, comme c'est
si souvent le cas dans la photographie en campagne, ou bien lorsqu'on n'est pas maître du temps de
pose, comme dans la photographie instantanée.

Au contraire, lorsqu'on opère dans un atelier dont
on connaît les conditions d'éclairage, on peut juger
très exactement du temps de pose le plus convenable.
Le photographe ne demande pas alors au révélateur
de corriger les écarts du temps de pose et le développement devient une opération purement mécanique
qui peut être pratiquée avec un bain de composition
constante, comme le bain à l'oxalate ferreux.

39. En faisant varier la composition du bain alcalin.
on peut diriger le développement de manière à atténuer certains défauts inhérents à l'objet à reproduire.
Chaque objet se présentant dans des conditions
différentes, son image demande un développement
spécial pour produire un effet déterminé. Il faut donc
que l'opérateur soit maître de son développement et
qu'il puisse le conduire de manière à rendre l'effet
qu'il a en vue.

Avec le bain de fer on ne peut guère s'écarter de la
formule normale et. malgré les substances que l'on
y ajoute, on n'obtient jamais des effets très variés. Des
clichés pris dans différentes conditions ne peuvent
donc pas s'accommoder également bien du révélateur
au fer. La composition constante de ce révélateur

ne lui permet de donner de bons résultats que dans
des circonstances particulières.

40. Les plaques photographiques de fabrications différentes demandent à être développées différemment.
A ce point de vue, le bain alcalin, dont on peut facilement faire varier la composition, est encore supé-
rieur au bain de fer. Le développement alcalin convient particulièrement bien aux couches de gélatine
tendres, car il ne donne pas, comme l'oxalate ferreux, des images granulaires. Il faut reconnaître cependant que certaines couches se développent mieux
au fer qu'à l'acide pyrogallique.

41. On se plaint souvent des taches que produit
le bain alcalin (1), et de la teinte jaune qu'il communique aux clichés. Remarquons cependant que si l'on
emploie le révélateur au sulfite de sodium, et si le développement n'est pas trop prolongé, le cliché reste
parfaitement transparent et l'image a une teinte
brune agréable qui, dans certains cas, ressemble.
à s'y méprendre, à la teinte des clichés développés
au fer. D'ailleurs, la coloration de la couche de gélatine n'a d'autre inconvénient que d'empêcher les
débutants d'apprécier l'intensité réelle du cliché et
de rendre le tirage des épreuves positives plus lent.
On ne doit pas perdre de vue qu'une plaque très
fortement teintée peut donner néanmoins de très
bonnes épreuves.

(1). Ces taches disparaissent facilement quand on les traite par
une solution d'acide chlorhydrique à 5 p. 100

En général, un cliché, développé au bain alcalin, donne des épreuves plus fouillées et plus vigoureuses que s'il avait été développé au fer.

42. Les solutions qui composent le révélateur au fer sont volumineuses et, par suite, d'un usage difficile en voyage. Au contraire, les produits nécessaires au développement à l'acide pyrogallique peuvent être emportés à l'état solide, et les solutions peuvent être faites au moment de s'en servir.

43. Pour ces diverses raisons, le révélateur au fer peut convenir dans l'atelier, quand le développement se réduit à une simple opération mécanique; mais il doit être abandonné, pour le développement alcalin, quand on compte sur le révélateur pour parfaire l'image.

Malgré les avantages qu'il faut reconnaître au développement alcalin, on lui préfère encore souvent le développement au fer. On reproche au développement alcalin d'être compliqué et difficile à conduire, tandis que les opérations du développement au fer sont simples et toujours les mêmes.

44. Ajoutons que si, après avoir commencé le développement d'une plaque à l'acide pyrogallique, on voulait le terminer au fer, on perdrait irrémédiablement le cliché.

La moindre trace de sulfate ferreux donne, en effet, avec l'acide pyrogallique, une encre qui tache la couche de gélatine.

CHAPITRE IV.

DÉVELOPPEMENT A L'HYDROQUINONE

ET AU

CHLORHYDRATE D'HYDROXYLAMINE.

**45. Propriétés et préparation de l'hydroqui-
none.** — L'hydroquinone se rattache, par sa composition chimique, à l'acide pyrogallique et jouit, comme
ce corps, de la propriété de réduire le bromure d'argent et de développer l'image latente [1]. On peut
considérer l'hydroquinone et l'acide pyrogallique
comme dérivant de la benzine.

En effet, la substitution dans la benzine d'un groupe
oxyhydryle, OH, à un atome d'hydrogène, donne le
phénol.

Si deux atomes d'hydrogène sont remplacés par
deux groupes OH, le nouveau corps constitue un phénol diatomique ou oxyphénol. L'oxyphénol est donc
un dérivé bisubstitué de la benzine, et, comme tel, il
existe sous trois modifications isomériques : la *pyro-
catéchine, l'hydroquinone* et **la** *résorcine.*

[1] Les propriétés révélatrices de l'hydroquinone ont été
signalées, pour la première fois, par le capitaine Abney, en 1880.

Enfin, l'acide pyrogallique résulte de la substitution, dans la benzine, de trois groupes OII à trois
atomes d'hydrogène :

$$C^6H^6 \qquad C^6H^5, OII \qquad C^6H^4 \begin{cases} OII \\ OII \end{cases} \qquad C^6H^3 \begin{cases} OII \\ OII \\ OII \end{cases}$$

Benzine.   Phénol.   Oxyphénol   Dioxyphénol
                              (hydroquinone   (acide pyrogallique
                              et isomères).   et isomères).

L'acide pyrogallique et les oxyphénols sont donc
unis par des liens de parenté assez étroits, aussi
jouissent-ils d'un certain nombre de propriétés com-
munes et, en particulier, ils s'oxydent facilement en
présence des alcalis, ce qui leur permet de révéler
l'image latente (**3**).

Des trois oxyphénols isomères, l'hydroquinone est
celui qui a donné jusqu'ici les résultats les plus satis-
faisants au point de vue du développement des clichés.

L'hydroquinone est obtenue en désoxydant la quinone par des agents réducteurs, tels que l'acide iodhy-
drique et l'acide sulfureux :

$$C^6H^4O^2 + SO^2 + 2H^2O = C^6H^6O^2 + SO^4H^2,$$
$$C^{12}H^4O^4 + 2SO^2 + 4HO = C^{12}H^6O^4 + 2(SO^3, HO).$$

Quant à la quinone, elle est préparée soit par l'oxydation de l'aniline, soit par la désoxydation de l'un
des produits des quinquinas : l'acide quinique.

L'hydroquinone, séparée de ses solutions aqueuses
par cristallisation, se présente sous forme de prismes

striés longitudinalement. Lorsque la cristallisation
a eu lieu lentement, les cristaux sont longs, brillants
et d'une couleur jaune citron. Mais, si l'hydroquinone
a été séparée brusquement de sa liqueur mère, les
cristaux, tout en conservant la forme prismatique,
sont brisés et d'un blanc de neige. Ces deux variétés
d'hydroquinone se trouvent dans le commerce. L'hydroquinone jaune contient 27,2 pour 100 d'eau, tandis
que l'hydroquinone blanche n'en contient que 12,8
pour 100 (A. M. Levy).

L'hydroquinone blanche, contenant moins d'eau
que l'hydroquinone jaune, doit être employée de préférence pour le développement des clichés.

L'hydroquinone peut être obtenue non seulement
par cristallisation, mais aussi par sublimation. Ce
second mode de préparation donne des petites pail-
lettes qui ont une tendance à reprendre la forme
prismatique.

L'hydroquinone est très soluble dans l'alcool et
l'éther. L'eau en dissout 5,85 pour 100 à 15°, et 9,45
pour 100 à 28°.

En s'oxydant, l'hydroquinone se transforme en quinone, hydroquinone verte ($C^{14}H^{10}O^4$, $C^{28}H^{10}O^8$) et
en produits bruns analogues à ceux qui résultent de
l'oxydation de l'acide pyrogallique.

46. Préparation du bain révélateur. — Les
premières formules du bain à l'hydroquinone étaient
calquées sur les formules à l'acide pyrogallique : l'hydroquinone était seulement substituée, dans la même

proportion, à l'acide pyrogallique. Ces bains dévelop-
paient le cliché lentement et l'on reconnut bientôt la
nécessité d'employer des bains plus concentrés.

Nous résumons, dans le Tableau ci-dessous, les principales formules de développement à l'hydroquinone
qui ont été publiées jusqu'à ce jour. Les nombres de
ce Tableau représentent les poids des diverses substances qui composent 100 parties de bain révélateur.

AUTEURS.	HYDRO-QUINONE.	SULFITE de sodium.	CARBONATE de sodium.	CARBONATE de potassium.	SOUDE caustique.	BROMURE de potassium.
MM. le Capt. Abney .	0,2	»	»	9.0	»	»
Bachrach.........	1,5	10.0	3.0	»	»	»
Balagny	1.0	7.0	15.0	»	»	
Battin	0,5	4,0	»	7.5	»	»
Bouilland.........	1.0	6.0	25.0	»	»	
Chapman Jones.	1.0	2.0	2.0	»	»	0.5
Hanssen.........	0,4	12.0		12.0	»	0.6
Himly...........	2.0	14.0	»	»	7.0	»
Kleffel....	1,2	7.0	»	3.5	»	»
Maes...........	0,8	8.0	16.0	»	»	
Nothomb.........	1.0	8,0	16.0	»	»	
Vogel............	1,2	6.0	0.4	»	»	

Lorsque le bain à l'hydroquinone contient du sulfite
de sodium, il est presque inaltérable à l'air. Grâce à
cette propriété du révélateur, il est inutile de faire des
solutions séparées d'alcali et d'hydroquinone et de ne
mélanger ces solutions qu'au moment de s'en servir. On

peut préparer d'emblée des bains qui se conservent très bien quoique contenant des quantités notables d'alcali.

M. Balagny prépare le bain à l'hydroquinone de la manière suivante :

Il fait dissoudre 7^{gr} de sulfite de sodium dans 100^{cc} d'eau, il ajoute 1^{gr} d'hydroquinone et chauffe à 70°. Après dissolution des cristaux, il jette dans la liqueur 15^{gr} de carbonate de potassium qui se dissolvent aussitôt.

On a proposé, dans ces derniers temps, d'ajouter au révélateur du méta-bisulfite de potassium ([1]). Ce sel, plus oxydable que le sulfite de sodium, augmenterait l'inaltérabilité du bain.

47. Particularités du développement à l'hydroquinone. — Le bain révélateur, préparé comme nous venons de l'indiquer, est d'une grande énergie. Aussi, dans la plupart des cas, son action sur le bromure d'argent serait trop brutale et il voilerait la plaque en réduisant, non seulement les parties impressionnées, mais aussi celles qui n'ont pas été frappées par la lumière. Lorsqu'on emploie un bain très concentré, il est donc presque toujours indispensable de l'additionner d'un modérateur. La dose sera plus ou moins forte suivant l'impression lumineuse que la plaque a reçue, et suivant que l'on veut obtenir un cliché doux ou vigoureux.

[1] Le méta-bisulfite, ou anhydrosulfite de potassium ($S^2O^5K^2$, $KO2\,SO^2$) se prépare en faisant passer un courant d'acide sulfureux dans une solution saturée et bouillante de carbonate de potassium.

On peut modérer l'action du bain à l'hydroquinone en y ajoutant du bromure de potassium (**19**) ou de l'acide acétique, ou bien en le mélangeant à un vieux bain. C'est ce dernier procédé que recommande exclusivement M. Balagny. Un emploi judicieux de bains vieux et neufs lui permet de développer des clichés impressionnés très différemment.

Un révélateur, modéré par un vieux bain, développe très bien les plaques sur-exposées et donne, à la longue, de bonnes images avec des plaques très sous-exposées (**19**). Mais cette propriété n'est pas particulière au bain à l'hydroquinone, ainsi qu'on l'a prétendu à tort, et tout révélateur, additionné d'un modérateur, agirait de même. Le développement à l'hydroquinone ne donne donc pas une plus grande latitude dans l'estimation du temps de pose que les autres révélateurs.

Le bain à l'hydroquinone est peu sensible aux modifications que l'on apporte dans sa composition pendant le développement du cliché. Aussi, lorsque la plaque est immergée dans le bain, le rôle du photographe se réduit à examiner de temps en temps le cliché et à le retirer du bain lorsque l'image est entièrement venue. Si le révélateur est vieux, son action est assez lente pour que l'on puisse abandonner le cliché pendant de longs intervalles sans le surveiller.

Certains praticiens ont prétendu que le révélateur à l'hydroquinone permettait de réduire le temps de pose. Une plaque, légèrement impressionnée et développée à l'hydroquinone, donnerait donc autant de

détails, et une gradation de tons aussi satisfaisante,
qu'une plaque impressionnée plus longuement et développée au fer ou à l'acide pyrogallique.

Quant à nous, il nous est impossible de reconnaître
cette supériorité à l'hydroquinone. Nous avons souvent essayé sur les diverses parties d'une même plaque
les révélateurs au fer, à l'acide pyrogallique et à
l'hydroquinone, et nous avons toujours trouvé que
les trois bains conduisaient sensiblement au même
résultat.

Ainsi que nous l'avons dit, le bain à l'hydroquinone
ne s'altère que lentement à l'air. On peut donc prolonger beaucoup le développement, sans craindre de
voir la couche de gélatine se colorer. Le bain reste
très propre et les clichés ont une couleur agréable. Si
l'on ajoute à ces considérations que le bain, grâce à sa
stabilité, peut être composé à l'avance et que les photographes peuvent se le procurer tout préparé, on
comprendra que le développement à l'hydroquinone
soit adopté tout particulièrement par les personnes
qui reculent devant l'emploi plus difficile de l'acide
pyrogallique et qui cherchent, avant tout, à simplifier
les opérations photographiques.

Des plaques fabriquées différemment ne s'accom-
modent pas toutes du révélateur à l'hydroquinone.
D'après M. Chapman Jones, certaines plaques ne
donnent pas trace d'image avec ce révélateur.

En résumé, si nous pouvons ranger l'hydroquinone
parmi les bons révélateurs, au même titre que le
fer et l'acide pyrogallique, si même nous pouvons le

recommander comme étant d'un emploi particulièrement commode, nous ne pouvons cependant lui reconnaitre des qualités exceptionnelles.

48. Développement au chlorhydrate d'hydroxylamine [1].

— L'hydroxylamine ou oxyammoniaque résulte de la substitution, dans l'ammoniaque, d'un groupe OH à un atome d'hydrogène :

$$\text{Az H}^3\text{O} = \text{Az} \begin{cases} \text{OH} \\ \text{H} \\ \text{H.} \end{cases}$$

Cette base forme un chlorhydrate (Az H³O, HCl) qui se prépare en faisant réagir, sur l'éther azotique, de l'étain et de l'acide chlorhydrique. Le chlorhydrate d'hydroxylamine cristallise en prismes incolores, solubles dans l'eau et dans l'alcool.

Une dissolution pure de ce sel ne développe pas l'image latente. Additionnée d'ammoniaque ou d'un carbonate, son action révélatrice est faible, mais avec la potasse ou la soude caustiques, elle développe un cliché aussi complètement que les autres révélateurs.

La réaction qui a lieu parait être la suivante :

$$2\,\text{Az H}^3\text{O HCl} + 6\,\text{NaOH} - 4\,\text{Ag Br}$$
$$= 4\,\text{Ag} + 4\,\text{NaBr} + 2\,\text{NaCl} + 7\,\text{H}^2\text{O} - \text{Az}^2\text{O}.$$

$$2(\text{Az H}^3\text{O}^2, \text{HCl}) + 6(\text{NaO}, \text{HO}) + 4\,\text{Ag Br}$$
$$= 4\,\text{Ag} + 4\,\text{NaBr} + 2\,\text{NaCl} + 14\,\text{HO} + 2\,\text{Az O}.$$

[1] Ce développement a été indiqué, en 1884, par Carl Egli et Arnold Spiller.

On recommande de composer le bain comme il
suit :

Eau. 100,0
Chlorydrate d'hydroxylamine 0,4
Soude caustique 0,6
Bromure de potassium. 0,1

Le bain au chlorhydrate d'hydroxylamine n'est pas
altéré à l'air et donne des images qui ont une teinte
agréable. Toutefois ce révélateur n'a pas donné
jusqu'ici des résultats dignes d'attirer, d'une manière
particulière, l'attention des photographes.

CHAPITRE V.

49. Premier lavage du cliché. — Lorsque l'image
est suffisamment développée, on retire la plaque du
bain révélateur, on la laisse égoutter et on la lave
abondamment à l'eau courante pour enlever la ma-
jeure partie du liquide qui est retenu dans la couche
de gélatine. La plaque est donc tenue sous le robinet d'une fontaine et on laisse l'eau couler à la surface pendant quelques minutes.

En adaptant au robinet une pomme d'arrosoir, le
lavage est plus complet, car l'eau pénètre mieux
la couche de gélatine ; mais si la pression de l'eau est
forte et si la couche de gélatine est molle, comme
cela a lieu en été, cette manière de laver le cliché
entraîne souvent des accidents : chaque jet sortant
de la pomme d'arrosoir perce la couche de gélatine
et le cliché est perdu.

Lorsqu'on lave une plaque développée au fer, l'oxalate ferreux insoluble se précipite sous forme d'une
poudre jaune (**6**). Mais ce précipité ne reste pas sur

le cliché et est entraîné par l'eau de lavage. Il en est de même de l'oxalate de chaux qui se produit lorsque l'eau de lavage est calcaire (20). Si l'on négligeait de laver la plaque après le développement, l'oxalate ferreux et l'oxalate de chaux prendraient naissance dans le bain fixateur et, n'étant pas entraînés, ils produiraient, à la surface du cliché, un voile jaune laiteux. Après le développement à l'acide pyrogallique, le lavage est moins nécessaire et n'a d'autre but que d'empêcher le bain fixateur d'être trop fortement coloré par la petite quantité de révélateur que chaque plaque y apporte. On peut donc, après le bain alcalin, se dispenser de ce premier lavage.

50. Fixage. — Un cliché développé contient, dans sa couche de gélatine, des molécules d'argent métallique et des molécules de bromure d'argent non altéré. Pour que le cliché puisse être tiré, il faut qu'il laisse passer la lumière dans les parties non impressionnées, c'est-à-dire dans toutes les parties où se trouve du bromure d'argent après le développement.

Le bromure d'argent opaque doit donc disparaître entièrement, afin de ne laisser sur le cliché que de l'argent métallique emprisonné dans la couche transparente de gélatine.

Il faut éliminer le bromure d'argent aussitôt après le développement, sans quoi il serait influencé par la lumière et le cliché se modifierait peu à peu. On voit donc que le *débromurage* du cliché est non seulement nécessaire pour le rendre transparent, mais aussi pour le rendre stable et le *fixer*.

Parmi les dissolvants du bromure d'argent, le plus efficace, pour débromurer les plaques au gélatino-bromure d'argent, est l'hyposulfite ou thiosulfate de sodium [1].

Lorsque les clichés sont immergés dans une solution d'hyposulfite de sodium, il se forme un hyposulfite double d'argent et de sodium. Suivant les circonstances de sa formation, le sel double contient un équivalent ou deux équivalents d'hyposulfite de sodium :

$$AgBr + S^2O^3Na^2 = S^2O^3NaAg + NaBr,$$

$$AgBr + 2(NaO, S^2O^2) = AgOS^2O^2, NaOS^2O^2$$
$$+ NaBr.$$

$$2AgBr + 3S^2O^3Na^2 = 3(S^2O^3)Ag^2Na^4 + 2NaBr,$$

$$2AgBr + 6(NaO, S^2O^2) = 2AgOS^2O^2 + 4NaOS^2O^2$$
$$+ 2NaBr.$$

Le premier de ces sels doubles est soluble dans les solutions d'hyposulfite de sodium et dans l'eau, tandis que le second est peu soluble dans les solutions d'hyposulfite de sodium et complétement insoluble dans l'eau. Le premier de ces sels peut donc être

[1] Ce sel a été employé, comme dissolvant des composés halogénes de l'argent, par John Herschel en 1839.

Depuis que M. Schutzenberger a découvert un acide moins oxygéné que l'acide hyposulfureux, on devrait préférer la dénomination de thiosulfate à celle d'hyposulfite.

facilement éliminé de la couche de gélatine par un simple lavage, tandis que l'on ne peut se débarrasser du second que par un séjour prolongé du cliché dans des solutions d'hyposulfite de sodium.

On obtient l'hyposulfite soluble en versant une solution d'azotate d'argent dans un excès de solution d'hyposulfite de sodium. Il se forme, tout d'abord, un précipité blanc qui se dissout dès que l'on agite le mélange. L'hyposulfite insoluble s'obtient, au contraire, en versant une solution d'hyposulfite de sodium dans un excès d'azotate d'argent. Il se forme alors un précipité jaune qui passe au brun, puis au noir, et ne se dissout pas.

51. La concentration du bain d'hyposulfite de sodium a peu d'importance. On peut débromurer un cliché avec des solutions qui ne contiennent que 5 parties d'hyposulfite de sodium pour 100 parties d'eau. Mais, dans ces conditions, la dissolution du bromure d'argent est lente, aussi est-il préférable d'employer des solutions plus concentrées. L'emploi de solutions concentrées est d'ailleurs nécessaire pour maintenir dans le bain un excès d'hyposulfite et éviter, par conséquent, la formation d'hyposulfite double insoluble. Il ne faudrait pas cependant fixer les clichés dans des solutions saturées, ce qui conduirait à dissoudre 100 parties de sel dans 100 parties d'eau. Passé 25 pour 100, le débromurage devient plus lent, attendu que l'hyposulfite double est moins soluble dans les solutions très concentrées que dans les solutions diluées. En général, on prépare le bain fixateur au taux de 20 pour 100. L'hyposulfite de sodium se dissout rapidement en produisant un abaissement de température. On peut activer la dissolution par la chaleur sans craindre de décomposer le sel. Si l'on veut se dispenser de peser l'hyposulfite de sodium, on ajoute, à 100^{cc} d'eau, une quantité de sel suffisante pour que le volume du liquide s'élève à 112^{cc}.

52. La solution d'hyposulfite de sodium s'altère peu à peu, même à l'abri de l'air. Il se dépose du soufre et il se forme du sulfite de sodium :

$$S^2O^3Na^2 = SO^3Na^2 + S,$$
$$NaO, S^2O^2 = NaO, SO^2 + S.$$

Au contact de l'air, l'action est plus profonde et il se forme un sulfate :

$$S^2O^3Na^2 + O = SO^4Na^2 + S,$$
$$NaO, S^2O^2 + O = NaO, SO^3 + S.$$

Afin d'éviter cette décomposition partielle de la solution d'hyposulfite, il ne faut pas préparer une trop grande quantité de fixateur à l'avance. Remarquons toutefois que la présence du sulfite et du sulfate de sodium dans la solution n'a pas d'inconvénients. Le sulfite de sodium est même un dissolvant du bromure d'argent (**31**).

53. Pour débromurer une plaque, on l'immerge, la face gélatinée en dessus, dans une cuvette contenant

une assez grande quantité de la solution d'hyposulfite
de sodium pour recouvrir entièrement le cliché. Si la
cuvette a les dimensions de la demi-plaque, le volume
du bain doit être de 100^{cc} environ.

On doit avoir soin de tenir le bain fixateur éloigné
des bains révélateurs. La moindre trace d'hyposulfite
qui viendrait en contact avec la plaque, pendant le
développement à l'oxalate ferreux, produirait, sur le
cliché, des taches irrémédiables (**17**). Le même accident n'est pas à craindre avec le développement
alcalin (**36**).

Il est important que le cliché baigne entièrement
dans le fixateur, sans quoi les parties qui ne seraient
pas recouvertes par le bain ne pourraient être fixées
qu'ultérieurement, et la ligne de démarcation des
deux opérations serait toujours apparente. Il faut
agiter la cuvette pendant le fixage afin de renouveler
les liquides en contact avec la plaque. On évite ainsi
l'appauvrissement du bain dans le voisinage du bromure d'argent, et on empêche la formation de l'hyposulfite insoluble.

On reconnaît que le débromurage est terminé en
examinant l'envers de la plaque : on peut cesser le
fixage lorsque toute trace de la couche blanche de
bromure d'argent a disparu. Mais il n'y a pas d'inconvénients à laisser séjourner le cliché dans le
fixateur après que le débromurage est complet. Il est
même utile de prolonger l'action du fixateur afin
d'être certain que les hyposulfites doubles sont dissous. Toutefois, si la plaque était abandonnée trop

longtemps dans la solution d'hyposulfite de sodium, l'image s'affaiblirait, car l'hyposulfite attaque l'argent métallique, comme il attaque le bromure d'argent, en donnant un hyposulfite double d'argent et de sodium. Après un séjour de 24 heures dans le fixateur, le cliché ne présente plus qu'une silhouette de l'image primitive.

Si l'on craint que l'hyposulfite double, insoluble dans l'eau, n'ait pas été dissous dans le premier bain fixateur, il est bon de passer la plaque débromurée dans un second bain d'hyposulfite. On est certain d'éliminer ainsi les hyposulfites doubles, dont la présence dans la couche de gélatine pourrait occasionner plus tard des accidents que nous signalerons bientôt (**58**).

54. La formation de l'hyposulfite double insoluble est favorisée par l'action de la lumière. Aussi, pour éviter la production de ce sel nuisible, on doit fixer les négatifs dans le laboratoire et attendre que le débromurage soit terminé avant d'exposer le cliché au jour. Si l'on néglige cette précaution, le débromurage est très lent, car, ainsi que nous le savons, l'hyposulfite double, qui prend alors naissance, ne se dissout que lentement dans le bain de fixage.

Quand les plaques ont été développées à l'acide pyrogallique, le fixage dans l'obscurité est de toute nécessité. Si l'on opère à la lumière, si le révélateur était très chargé en alcali, et si la plaque n'a pas été lavée après le développement, le dépouillement du négatif n'est jamais complet et la plaque se couvre souvent d'un voile rose par transparence et vert par réflexion. Ce voile est dû à la décomposition de l'hyposulfite double d'argent et de sodium par l'action combinée de la lumière et de l'alcali retenu dans la couche de gélatine. La réduction du sel double donne lieu à un dépôt très ténu d'argent qui produit le voile en question.

Le bromure double d'argent et de potassium, qui se forme quand on ajoute du bromure de potassium au révélateur pour modérer son action (**19**), peut aussi être décomposé pendant le fixage et donner lieu à un voile rose analogue à celui que nous venons de signaler.

55. Le nombre des glaces que l'on peut fixer dans une quantité donnée d'hyposulfite de sodium est limité par la production du sel double. La formule qui représente la formation du sel double soluble (**50**). indique que 1^{gr} de bromure d'argent demande 0^{gr},12 d'hyposulfite pour donner lieu au sel double. Or, une demi-plaque contient environ 0^{gr},58 de bromure d'argent, donc chaque demi-plaque demande 0^{gr},24 d'hyposulfite et, si l'on immerge les glaces dans un bain de 100^{cc} d'une solution à 20 pour 100, on voit que ce bain pourra fixer théoriquement 80 glaces environ. Mais on ne doit jamais débromurer, dans un même bain, une aussi grande quantité de plaques, car un excès d'hyposulfite est nécessaire pour dissoudre ce sel double insoluble dans l'eau et soluble seulement dans la solution d'hyposulfite. De plus, un bain qui a fixé une dizaine de clichés n'agit plus que très lentement et il est généralement assez coloré pour teindre légèrement la couche de gélatine. En effet, les clichés développés au fer apportent dans le bain fixateur de l'oxalate ferreux qui communique au liquide une teinte jaune rouille. Si les plaques ont été développées à l'acide pyrogallique, le bain fixateur ne tarde pas à prendre la coloration brune du révélateur alcalin.

Il ne faut évidemment, dans aucun cas, fixer dans le même bain des clichés développés au fer et des clichés développés à l'acide pyrogallique (**44**).

Les plaques se débromurent plus ou moins rapidement suivant la perméabilité de la couche de gélatine, et selon son épaisseur et son opacité, le cliché s'éclaircit plus ou moins dans le fixateur. On doit tenir compte de ce fait et pousser le développement du négatif en conséquence.

56. Le cyanure de potassium, très employé pour désiodurer les plaques au collodion, n'est pas à recommander pour fixer les plaques au gélatino-bromure d'argent. Le cyanure de potassium, comme l'hyposulfite de sodium, donne, avec le bromure d'argent, un sel double :

$$AgBr + 2KCy = AgCy, KCy + KBr.$$

Le cyanure double, ainsi formé, est soluble dans la solution de cyanure de potassium. Le bromure d'ar-

gent est donc bien dissous; mais si, après le fixage,
le cyanure de potassium n'est pas entièrement éliminé, il attaque l'argent métallique et ronge l'image.
Comme il est toujours difficile de débarrasser entièrement une couche de gélatine d'un sel quel qu'il
soit, on peut craindre que l'action destructive du
cyanure de potassium n'entraîne, au bout d'un certain
temps, la perte du cliché.

Le résultat de l'action du cyanure de potassium
sur l'argent est du cyanure d'argent et de la potasse :

$$2KCy + H^2O + O + 2Ag = 2AgCy + 2KHO,$$
$$KCy + HO + O + Ag = AgCy + KO, HO.$$

57. Dernier lavage. — La couche de gélatine,
après avoir été débromurée, doit être débarrassée
aussi complètement que possible de l'hyposulfite de
sodium qu'elle contient. A cet effet, la plaque est
lavée abondamment à l'eau courante, puis immergée
dans une cuvette spéciale pleine d'eau, où elle séjourne plusieurs heures. Les cuvettes de lavage présentent des rainures qui maintiennent les plaques
verticales; grâce à cette disposition, l'eau chargée
d'hyposulfite tombe au fond de la cuvette et l'élimination du sel est rapide. Si l'eau de la cuvette est constamment renouvelée, le lavage est achevé au bout
de 2 heures; si l'on ne change l'eau que deux ou trois
fois, on devra laisser les plaques séjourner dans le
laveur pendant 12 heures.

Les cuvettes de lavage en zinc sont attaquées par

l'hyposulfite de sodium et, au bout d'un certain temps, elles sont mises hors d'usage. L'hyposulfite de sodium donne, en effet, au contact du zinc, du sulfite de sodium et du sulfure de zinc :

$$Zn + S^2O^3Na^2 = SO^3Na^2 + ZnS,$$
$$Zn + NaO, S^2O^2 = NaO, SO^2 + ZnS.$$

58. Élimination complète de l'hyposulfite de sodium. — L'élimination complète de l'hyposulfite de sodium est de toute nécessité si l'on veut que les clichés se conservent intacts. Lorsque le dernier lavage a été très sommaire, l'hyposulfite de sodium peut cristalliser dans la masse de la gélatine. Si cet accident se produit, il faut dissoudre les cristaux en trempant la plaque dans un bain neuf de fixage et laver abondamment ensuite.

Si le lavage a été poussé plus loin, sans cependant avoir été complet, ce n'est qu'à la longue que l'hyposulfite se manifeste. Les vapeurs acides, qui se trouvent dans l'air, décomposent ce sel en donnant de l'acide hyposulfureux, très instable, qui se réduit en soufre et acide sulfureux :

$$S^2O^2 = S + SO^2.$$

Or, le soufre, précipité dans cette réaction, jaunit la couche de gélatine et compromet la tranparence du cliché. D'autre part, une partie de l'acide hyposulfureux attaque l'argent en donnant un hyposulfite double et affaiblissant ainsi l'image métallique.

On voit donc que la présence de l'hyposulfite de sodium, dans la couche de gélatine, est très préjudiciable au cliché. Aussi, lorsque le fixateur a produit son effet, on doit chercher à l'éliminer aussi complètement que possible.

59. Si l'on craint que des lavages à l'eau ne soient pas suffisants, on peut détruire l'hyposulfite de sodium par des procédés chimiques. On a proposé, à cet effet, de plonger les plaques dans un bain contenant 15 parties d'eau de Javelle pour 100 parties d'eau.

L'eau de Javelle est un mélange d'hypochlorite et de chlorure de potassium. Elle agit comme oxydant, grâce au chlore qu'elle contient : ce chlore décompose l'eau et donne de l'acide chlorhydrique et de l'oxygène. Or, l'oxygène oxyde l'hyposulfite et le convertit en bisulfate de potassium. La formation de ce dernier sel est sans inconvénients, car il est très soluble dans l'eau et est facilement éliminé par des lavages. En tout cas, si des traces de bisulfate restaient dans la couche de gélatine, l'image ne serait pas attaquée, car le bisulfate est très stable et ne se décomposerait pas.

Nous verrons que l'alun décompose aussi l'hyposulfite de sodium, mais la réaction qui a lieu a l'inconvénient de précipiter du soufre dans la couche de gélatine.

60. Si l'on veut être certain que l'hyposulfite de sodium a été complètement éliminé de la plaque, il faut s'assurer que les dernières eaux de lavage ne contiennent pas trace de ce sel.

L'essai des eaux de lavage se fait par la méthode de dosage iodométrique. On dissout une petite quantité d'amidon dans dix fois son volume d'eau, on fait bouillir jusqu'à ce que la liqueur devienne claire et l'on ajoute quelques gouttes d'une solution saturée d'iode dans l'alcool. On obtient alors une coloration bleue foncée due à la formation d'iodure d'amidon.

Deux gouttes de la liqueur iodée suffisent pour communiquer à de l'eau distillée une légère teinte bleue. Mais si ces deux gouttes sont versées dans une eau contenant des traces d'hyposulfite de sodium, la coloration n'aura pas lieu, car l'iodure d'amidon est décomposé : son iode, agissant sur l'hyposulfite, donne de l'iodure et du tétrathionate de sodium :

$$2S^2O^3Na^2 + 2I = 2NaI^2 + S^4O^6Na^2,$$
$$2(NaO,S^2O^2) + I = NaI + NaO,S^4O^5.$$

Si donc les eaux de lavage décolorent l'iodure d'amidon, on peut être certain qu'elles contiennent encore de l'hyposulfite de sodium, et la coloration bleue n'apparaîtra qu'au moment où tout le sel aura été décomposé. Afin d'éviter que les impuretés de l'eau de lavage n'agissent sur l'iodure d'amidon, on doit laver les plaques à l'eau distillée et faire l'essai iodométrique sur cette eau.

61. Alunage. — Il arrive assez fréquemment, dans

le courant des opérations photographiques, que la couche de gélatine se détache en partie de son support. Ce soulèvement de la gélatine se manifeste le plus souvent dans les parties où elle adhère le moins au verre, c'est-à-dire aux bords de la plaque. Mais quelquefois le soulèvement gagne toute la couche et la gélatine abandonne complètement la glace. Cet accident est dû au gonflement de la gélatine par les liquides qu'elle absorbe pendant le développement, le fixage et les lavages. L'augmentation de volume, qui résulte du gonflement de la gélatine, se traduit par une augmentation de surface de la couche. D'autre part, la surface du support restant invariable, on comprend que la gélatine se ride, forme des ampoules et se détache du verre dans les parties où elle y adhère peu.

Si la couche se décolle entièrement, on peut encore en tirer parti en la recueillant sur une glace plus grande que le support primitif. Mais la gélatine s'étant distendue, l'image est agrandie et manque généralement de vigueur par suite de l'augmentation de surface des noirs. On peut obvier, en partie, à cet inconvénient en traitant la pellicule de gélatine par l'alcool avant de la recueillir sur son nouveau support. L'alcool ramène la couche à peu près à ses dimensions primitives.

Une gélatine tendre, qui commence à se décomposer, des lavages trop prolongés, des solutions tièdes, un bain de développement très alcalin et une solution d'hyposulfite de sodium trop concentrée, sont autant de causes qui font gonfler la gélatine et tendent, par suite, à séparer la couche de la glace.

Le capitaine Abney a mesuré l'augmentation de longueur que subissent certaines couches de gélatine à la suite d'un séjour de 12 heures dans l'eau pure et d'un séjour de 1 heure dans des solutions à 1 pour 100 d'ammoniaque et de carbonate de potassium. On trouvera les résultats de ses expériences dans le Tableau ci-dessous. Les nombres de ce Tableau représentent les longueurs acquises par les couches de gélatine après avoir été gonflées. Avant leur immersion dans les bains, les couches de gélatine avaient une longueur égale à l'unité.

GÉLATINE.	EAU 12h	AMMONIAQUE 1 pour 100 1h	CARBONATE de potassium 1 p. 100 1h
Nelson n° 1	1,2	1,39	1,29
Heindrich	1,08	1,22	1,15
Simeon...	1,05	1,14	1,09

Ce Tableau montre que la gélatine se gonfle moins et, par suite, a moins de tendance à se soulever, quand le développement alcalin contient du carbonate de potassium au lieu d'ammoniaque.

62. Le remède le plus généralement employé pour

combattre les soulèvements de la gélatine consiste à imbiber la couche d'une solution d'alun.

Les cellules de la gélatine se tapissent alors d'une couche de sel qui les rend imperméables et les empêche de se remplir de liquide par voie capillaire. Il se produit dans cette circonstance un phénomène purement physique, analogue au tannage des peaux. Si l'on a lieu de craindre que la couche se soulève dans le révélateur, on trempe la plaque dans une solution d'alun avant le développement. Mais le plus souvent on n'a recours à ce bain qu'avant ou après le fixage.

La solution d'alun (alun de potasse ou alun de chrome) peut se faire à saturation, c'est-à-dire à 6 pour 100. Les plaques ne doivent pas séjourner dans cette solution plus de 5 minutes, sans quoi l'action tannante du sel durcirait trop la couche et elle deviendrait presque imperméable aux bains subséquents.

Lorsque l'on prévoit que la couche se soulèvera dans le développement, on peut traiter la plaque de la manière suivante :

En sortant du châssis, on recouvre la glace d'une couche de collodion normal (1) et, au moment où le collodion commence à sécher, on plonge la plaque dans le révélateur. La couche de collodion étant inextensible, empêche la gélatine de se distendre.

(1) Composition du collodion normal :

Alcool.	50
Éther	50
Fulmicoton .	1

Le décollement de la gélatine, commençant toujours par les bords, il est avantageux de passer un morceau de cire vierge le long des arêtes de la plaque. La cire prévient les soulèvements en empêchant les bords de la couche de gélatine d'être mouillés dans les bains.

Ajoutons que le soulèvement des couches de gélatine, si fréquent il y a quelques années, devient de plus en plus rare grâce à la bonne qualité de la gélatine employée par les fabricants de plaques photographiques. Aussi la plupart des plaques de bonnes marques peuvent-elles supporter, sans accidents, des développements et des lavages prolongés.

63. Si le bain d'alun n'est pas nécessaire pour empêcher les soulèvements de la gélatine, il est en tout cas utile pour assurer la conservation des clichés. Si, en effet, des clichés non alunés sont emmagasinés dans un endroit très humide, ils se recouvrent au bout de peu de temps de moisissures. Cette altération, que subissent les clichés, est due à la décomposition par l'air humide, et les organismes qui s'y trouvent, des matières albuminoïdes de la gélatine. L'oxygène de l'air est absorbé, il se forme de l'acide carbonique et en même temps les moisissures apparaissent. L'alunage prévient la décomposition de la gélatine, car l'alun se combine aux matières albuminoïdes et les préserve de la putréfaction.

Non seulement une plaque alunée ne craint pas l'humidité, mais elle peut aussi résister à une tempé-

rature élevée : des couches de gélatine, imprégnées
d'alun, ne fondent plus qu'à 60° ou 70°. Lorsque l'alunage a uniquement pour but d'empêcher l'altération
de la couche de gélatine, on peut laisser séjourner
les plaques pendant 15 minutes dans un bain saturé.
Mais l'alunage à fond, rendant la gélatine imperméable aux liquides, doit être la dernière opération
que l'on fait subir aux clichés.

Après avoir passé dans le bain d'alun, les plaques
sont lavées à l'eau pour enlever l'excès de sel qui,
sans cette précaution, cristalliserait à leur surface.

L'alun de chrome agit plus énergiquement que
l'alun ordinaire et durcit davantage la gélatine. La
couleur violette de la solution d'alun de chrome n'est
pas un inconvénient, car elle ne se communique pas
à la couche de gélatine.

64. Ainsi que nous l'avons déjà dit (**59**), l'alun décompose l'hyposulfite de sodium. Si donc il reste des
traces de fixateur dans la couche de gélatine après
les lavages, elles seront détruites quand on plongera
la plaque dans un bain d'alun.

Mais la décomposition de l'hyposulfite de sodium
donne lieu à un précipité d'alumine et de soufre; ces
deux substances, insolubles dans l'eau, restent em-
prisonnées dans la couche de gélatine et produisent
un voile blanchâtre qu'il est préférable d'éviter.
Aussi ne peut-on pas recommander l'alun comme un
éliminateur de l'hyposulfite et, pour éviter de décomposer ce sel dans la couche de gélatine, il vaut mieux

n'aluner les clichés qu'après un lavage prolongé.

L'alun est un sulfate double d'alumine et de potasse, mais il n'agit sur l'hyposulfite de sodium que par son sulfate d'aluminium :

$$3(S^2 O^3 Na^2) - (SO^4)^3 Al^2$$
$$= Al^2 O^3 + 3S + 3SO^2 + 3SO^4 Na^2,$$

$$3(Na O, S^2 O^2) + Al^2 O^3, 3SO^3$$
$$= Al^2 O^3 + 3S + 3SO^2 + 3(Na O, SO^3).$$

Dans certaines circonstances, quand les sels sont mélangés à l'état de cristaux, dans un milieu humide, par exemple, l'acide sulfureux de la réaction précédente s'oxyde et donne de l'acide sulfhydrique dont l'odeur est facilement reconnaissable :

$$SO^2 + S + 2H^2 O = SO^4 H^2 + H^2 S,$$
$$SO^2 + S + 2HO = SO^3, HO + HS.$$

Ces réactions prennent naissance quand on mélange au bain d'hyposulfite de sodium une solution d'alun dans le but de fixer et d'aluner le cliché simultanément. Cette manière d'opérer, recommandée par certains opérateurs, doit être condamnée comme étant nuisible ou tout au moins inefficace.

En effet, si l'on mélange les solutions au moment de s'en servir, les couches de gélatine se chargent de soufre et d'alumine qui compromettent la transparence des clichés. Si l'on prépare le mélange d'avance, l'alun est entièrement décomposé et par suite ne peut voir d'effet. De plus le soufre et l'alumine troublent la liqueur et le filtrage ne peut l'éclaircir, car la ténuité du précipité est telle qu'il traverse les pores du papier à filtrer.

65. Enfin l'alunage des plaques a été aussi proposé comme un moyen de débarrasser la couche de gélatine de la couleur jaune que lui communique quelquefois le révélateur à l'acide pyrogallique.

Une plaque immergée dans une solution d'alun, y apporte toujours une petite quantité de carbonate de calcium provenant des eaux de lavage. Ce sel forme, avec le sulfate d'aluminium contenu dans l'alun, de l'acide carbonique, du sulfate de chaux et du sous-sulfate d'aluminium insoluble qui se précipite :

$$4[(SO^4)^3 Al^2] + 9 CO^3 Ca$$
$$= 9 CO^2 + 9 SO^4 Ca + (SO^4 Al^2 O^2)^3 Al^2 O^3.$$
$$4(Al^2 O^3 . 3 SO^3) + 9(Ca O, CO^2)$$
$$9 CO^2 + 9(Ca O, SO^3) + 4.Al^2 O^3, 3 SO^3.$$

Le sous-sulfate d'aluminium décolore la plaque en entrainant avec lui les matières en suspension dans le bain et dans la couche de gélatine. Afin que les matières colorantes, ainsi précipitées, ne séjournent pas à la surface de la plaque, il est avantageux d'employer le bain d'alun dans une cuvette verticale.

Certains opérateurs recommandent de plonger la plaque dans le bain d'alun aussitôt après le développement alcalin, avant le lavage et le fixage.

L'alcali, qui imprègne alors la couche de gélatine,

décompose l'alun et il se précipite de l'alumine en
gelée :

$$(SO^4)^3 Al^2, SO^4 K^2 + 3 CO^3 K^2$$
$$= Al^2 O^3 + 4 SO^4 K^2 + 3 CO^2,$$
$$Al^2 O^3, 3 SO^3 + KO, SO^3 + 3(KO, CO^2)$$
$$= Al^2 O^3 + 4(KO, SO^3) + 3 CO^2.$$

Or, on sait que l'alumine en gelée retient énergiquement les matières colorantes et forme avec elles
des *laques*. On conçoit donc que l'alumine, en se pré-
cipitant au contact de la couche de gélatine, lui en-
lève les matières brunes qu'elle contient.

Mais cette manière de procéder peut avoir un grave
inconvénient : souvent, en effet, le précipité d'alumine
adhère fortement à la couche de gélatine et entraîne
la perte du cliché. Si cet accident se produisait, il
faudrait essayer de dissoudre l'alumine dans une solution diluée d'acide chlorhydrique.

66. Un procédé plus efficace pour détruire la couleur jaune d'un cliché développé à l'acide pyrogallique, consiste à le tremper dans une solution étendue
d'un acide capable de décomposer la matière colo-
rante. Des solutions à 1 pour 100 d'acide sulfurique,
et à 5 pour 100 d'acide chlorhydrique, conviennent
fort bien. Ces bains acides ayant une tendance à dé-
tacher la couche de gélatine de la glace, on recommande de mélanger l'acide au bain d'alun.

Les plaques développées au bain de fer et voilées
par l'oxalate de calcium (**49**), s'éclaircissent aussi dans

les mêmes bains acides. L'oxalate de calcium, insoluble dans l'eau, se dissout en effet dans les liqueurs acidulées.

67. Séchage. — Lorsque les plaques ont subi les diverses opérations précédentes, elles sont lavées une dernière fois à l'eau, puis placées verticalement sur des chevalets où elles s'égouttent et sèchent librement à l'air.

Dans des conditions normales de température, de ventilation et d'humidité, il faut 12 heures pour que la dessiccation soit complète. On peut activer le séchage en disposant les plaques dans un courant d'air chaud, pourvu que la température des clichés ne dépasse, dans aucun cas, 30°. Passé cette température, on pourrait craindre la fusion de la gélatine, surtout si la plaque n'a pas été alunée. Le même accident se produit lorsque, pour sécher des plaques, on les expose, encore humides, au soleil. En traitant les clichés par l'alcool et l'éther, on les dessèche très rapidement. En tout cas, la dessiccation des plaques doit se faire régulièrement. Si l'on change les conditions du séchage pendant le courant de l'opération, les parties des clichés séchées rapidement auront une teinte différente des parties séchées plus lentement.

68. Vernissage. — Lorsqu'un cliché doit servir au tirage d'un grand nombre d'épreuves, il est prudent de le recouvrir d'une couche protectrice de vernis. Cette précaution est surtout nécessaire quand le tirage se fait sur du papier sensible récemment préparé. Ce papier n'est jamais parfaitement sec quand on l'expose au jour sous le cliché, et son humidité se communique à la couche de gélatine en y produisant les accidents que nous avons déjà signalés; mais, ce qui est plus grave, l'azotate d'argent du papier attaque la gélatine et donne un produit sensible à la lumière, qui se colore en rouge, pendant le tirage, et tache le cliché. On peut enlever les taches ainsi produites avec une solution de cyanure de potassium; mais cette opération demande à être conduite avec grand soin, car le cyanure de potassium attaque l'argent (**56**).

Si le cliché n'est pas vernis, une simple goutte d'eau, entre le cliché et le papier sensible, fait adhérer fortement le papier à la couche de gélatine et, en voulant enlever l'épreuve, on la déchire et on endommage le cliché.

Enfin, le vernis rend la couche de gélatine plus résistante aux frottements et l'empêche d'être éraillée.

Il existe un grand nombre de vernis pour clichés photographiques. Un bon vernis doit être presque incolore, et la couche qu'il forme sur le cliché ne doit pas se ramollir au soleil.

Une des meilleures formules est la suivante :

```
Alcool à 40°. . . . . .        100
Gomme laque blonde. . .         10
```

Quand la solution est complète, on la laisse reposer pendant trois jours et on filtre.

Pour vernir un cliché, on le chauffe à une douce

température (40°), puis on verse le vernis à sa surface, en procédant comme s'il s'agissait d'étendre de l'émulsion. Lorsque l'excédent de vernis s'est écoulé, on essuie, avec un léger tampon de papier buvard, les deux arêtes de la glace par lesquelles s'est fait l'écoulement. On évite ainsi que le liquide, en revenant sur lui-même, ne produise un bourrelet sur les bords de la plaque. Ce bourrelet ferait tache sur l'épreuve positive et pourrait se ramollir au soleil, faisant adhérer ainsi l'épreuve au cliché.

Lorsque le vernis est étendu, il faut encore chauffer légèrement la glace. Si l'on négligeait cette dernière opération, la couche de vernis aurait un aspect mat.

Un autre vernis, qui s'applique à froid, et est par suite très facile à employer, consiste dans la solution suivante :

Chloroforme ou benzine 100
Ambre en poudre fine 1

69. S'il était nécessaire de dévernir un cliché pour le renforcer ou l'affaiblir, ou pour toute autre raison, il faudrait le tremper dans la solution suivante :

Alcool 500
Eau 100
Potasse caustique 10

Lorsqu'il s'agit de dissoudre un vernis à l'ambre, il faut remplacer l'alcool de la formule précédente par de la benzine.

CHAPITRE VI.

RENFORCEMENT ET AFFAIBLISSEMENT
DES CLICHÉS.

70. **Manière d'agir des renforçateurs.** — Lorsque
le cliché est entièrement terminé, les grands noirs
de l'image ne sont pas toujours assez opaques pour
présenter un contraste suffisant avec les parties
moins impressionnées de la couche sensible. En un
mot, le cliché peut manquer de vigueur. Une exposition trop courte ou, au contraire, une action trop
forte de la lumière qui détermine la solarisation,
ou bien un développement insuffisant, sont autant de
causes qui donnent au cliché une apparence grise
et uniforme. Ce défaut peut être en partie corrigé
par le renforcement. Cette opération consiste à substituer à chaque molécule d'argent de l'image une ou
plusieurs molécules d'un composé plus opaque. Les
grands noirs du cliché acquièrent alors de l'intensité,
et l'image devient plus vigoureuse. Si les renforçateurs agissaient également sur tout le cliché, ils produiraient le même effet qu'un écran translucide et
diminueraient la transparence sans modifier les oppo-

sitions. Le tirage des épreuves positives conduirait
alors au même résultat que le cliché soit renforcé
ou non.

Mais nous allons voir que les renforçateurs
n'agissent pas ainsi, et qu'ils ont bien pour effet
d'augmenter les contrastes entre les diverses parties du cliché. En effet, on démontre que la transparence $\mathfrak{C}_1$ d'une partie p_1 d'un cliché, est donnée
par une expression de la forme

$$\mathfrak{C}_1 = e^{k\nu}$$

dans laquelle e est la base des logarithmes népé-
riens, k un facteur constant, et ν le coefficient
d'absorption de la couche de gélatine saturée d'argent réduit [1].

Si le renforcement a pour résultat de substituer
à l'argent un composé plus opaque, dont le coefficient
d'absorption est par exemple $m\nu$, la nouvelle transparence de la partie p_1 s'obtiendra en remplaçant
dans l'expression précédente ν par $m\nu$. On a donc
pour la nouvelle transparence l_1, de la partie p_1 :

$$l_1 = \mathfrak{C}_1^m.$$

De même pour les autres parties $p_2, \ldots, p_n$ du
cliché,

$$l_2 = \mathfrak{C}_2^m$$
$$\cdots\cdots\cdots$$
$$l_n = \mathfrak{C}_n^m.$$

[1] Voir A. DE LA BAUME PLUVINEL, *La Photographie au gélatino-bromure d'argent, Le temps de pose.* (Paris, Gauthier-
Villars et fils : 1889).

Et le rapport de deux de ces transparences est :

$$\frac{t_1}{t_2} = \left(\frac{c_1}{c_2}\right)^m.$$

m étant plus grand que l'unité, on voit que le renforcement augmente le rapport des transparences de deux éléments quelconques de l'image négative, et par suite rend plus sensible les contrastes de cette image.

71. Les contrastes entre les divers éléments de l'image sont augmentés davantage, par le renforcement, lorsque quelques-uns de ces éléments ne contiennent pas trace d'argent réduit.

En effet, si c_2 est la transparence, avant le renforcement, d'un élément p_2, qui ne contient pas d'argent réduit (c'est-à-dire la transparence de la couche de gélatine), la transparence de cet élément, après le renforcement, sera encore c_2.

Le rapport entre la transparence d'un élément p_1 et la transparence de l'élément p_2 sera donc, après renforcement :

$$\frac{c_1^m}{c_2},$$

tandis que si l'élément p_2 contenait de l'argent réduit, le rapport des transparences de p_1 et de p_2 serait plus petit et égal à

$$\left(\frac{c_1}{c_2}\right)^m.$$

Le cas que nous venons de considérer se présente
lorsque l'on reproduit des traits noirs sur un fond clair
et, d'une manière générale, toutes les fois que l'action
de la lumière est trop faible pour donner pratique-
ment une réduction d'argent.

72. Nous avons supposé implicitement, dans ce
qui précède, que l'image était renforcée à fond, c'est-
à-dire que toutes les molécules d'argent de la couche de
gélatine étaient remplacées par des molécules plus
opaques. Or, on peut arrêter l'action du renforçateur
avant qu'il ait agi sur toute l'image métallique. Dans
ce cas, le renforçateur agit inégalement sur les diverses parties de la couche de gélatine; son action
est plus complète sur les molécules d'argent qui se
trouvent à la partie supérieure de la couche de gélatine que sur les molécules voisines de la plaque de
verre. Cette manière d'agir du renforçateur est la
conséquence de la pénétration graduelle du bain de
renforcement dans la couche de gélatine.

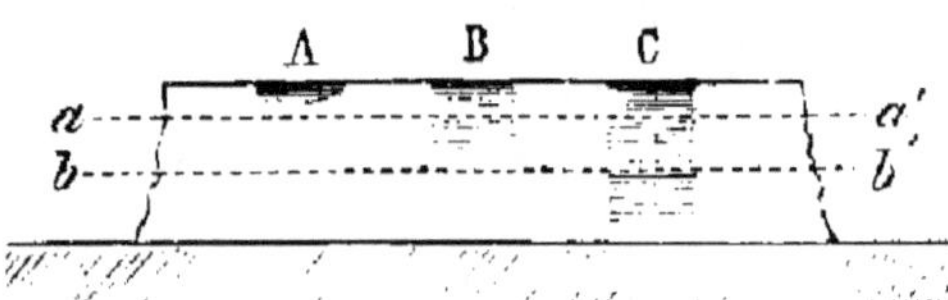

Or, dans les parties du cliché où l'action lumineuse
a été très faible, la réduction de l'argent ne se propage
pas toujours jusqu'au fond de la couche de gélatine.
Dans une partie très transparente, A, de l'image (voir
figure ci-dessus), l'argent n'est réduit, par exemple,

que jusqu'au niveau *aa'* ; dans une autre partie, B, il sera réduit jusqu'en *bb'*, et, dans une partie plus opaque C, il sera réduit dans toute l'épaisseur de la couche.

Ceci posé, on voit qu'un liquide pénétrant graduellement dans la couche de gélatine, peut avoir terminé le renforcement à fond des parties A et B de l'image, et continuer à agir sur la partie C.

Si l'on arrête le renforcement lorsque l'action du bain est complète jusqu'au niveau *bb'*, le rapport des transparences des parties A et B, renforcées à fond, sera augmenté autant que possible, tandis que la partie C, étant incomplètement renforcée, le contraste entre A et C, ou entre B et C, ne sera que partiellement augmenté.

73. En résumé, le renforcement augmente l'intensité des noirs du cliché et amplifie les contrastes de l'image. Un renforcement partiel convient aux clichés un peu trop doux et permet d'augmenter le contraste des demi-teintes entre elles sans augmenter autant le contraste entre les demi-teintes et les grands noirs. Un renforcement à fond doit être appliqué aux clichés gris, uniformes, qui manquent de vigueur, ou aux clichés qui représentent des reproductions de traits.

74. Procédés de renforcement. — On a indiqué un grand nombre de réactions qui permettent de renforcer un cliché, mais le seul procédé, employé cou-

ramment, est le procédé au chlorure mercurique;
nous allons le décrire.

Le cliché à renforcer est plongé tout d'abord dans
une solution de chlorure mercurique. Ce sel passe à
l'état de chlorure mercureux en perdant la moitié de
son chlore qui se porte sur l'argent de l'image et le
transforme en chlorure d'argent :

$$HgCl^2 + Ag = HgCl + AgCl,$$
$$2HgCl + Ag = Hg^2Cl + AgCl.$$

Le chlorure mercureux et le chlorure d'argent sont
tous deux incolores, de sorte que ce premier bain a
pour effet de blanchir le cliché. Après avoir été retirée
de ce bain, la plaque est lavée, puis plongée dans une
solution très diluée d'ammoniaque.

L'action de l'alcali est double : d'une part, l'ammoniaque dissout le chlorure d'argent, et, d'autre part,
il forme avec le chlorure mercureux un composé
ammonié de chlorure de mercurosammonium :

$$2HgCl + 2AzH^3 = ClAzH^2Hg^2 + AzH^4Cl.$$
$$2Hg^2Cl + 2AzH^3 = ClAzH^2Hg^4 + AzH^4Cl.$$

Ce composé est d'un noir très opaque, et, en se
substituant à l'argent de l'image, il intensifie le
cliché.

75. — Indiquons maintenant la manière de procéder.

Le bain de chlorure mercurique consiste dans la solution suivante :

Eau. 100
Chlorure mercurique. 5

Cette solution doit être conservée à l'abri de la lumière, car on sait que, sous l'influence des rayons lumineux, le chlorure mercurique se transforme en chlorure mercureux qui se précipite. Le bain à 5 pour 100 convient pour le renforcement partiel des clichés. Son action est assez lente en effet pour que l'on puisse suivre la marche de l'opération et retirer la plaque lorsqu'on le juge à propos. Mais, si l'on veut renforcer à fond une image, on peut hâter l'action du chlorure en employant une solution saturée, c'est-à-dire contenant 7 pour 100 de sel. On peut même, en ajoutant à l'eau un peu d'alcool, faire dissoudre une plus grande quantité de chlorure mercurique. Ce sel est, en effet, très soluble dans l'alcool qui en dissout 40 pour 100. On prépare rapidement le bain, en faisant la solution à chaud.

On peut procéder au renforcement aussitôt après les derniers lavages. Ces lavages devront être assez abondants pour éliminer de la couche de gélatine toute trace d'hyposulfite de sodium. Sans cette précaution, l'hyposulfite serait décomposé par le chlorure mercurique et il se déposerait, dans le sein de la gélatine, un précipité de soufre.

Si l'on ne se décide à renforcer un cliché que lorsqu'il est sec, il faut d'abord rendre la couche de gélatine perméable aux liquides en plongeant la plaque pendant quelques minutes dans l'eau. Dans aucun cas il ne faut renforcer un cliché dont la dessiccation n'est que partielle, car le bain agirait plus profondément dans les parties humides que dans les parties sèches, et le cliché serait inégalement renforcé.

Lorsque le cliché est dans le bain de mercure, nous savons qu'il blanchit peu à peu. La face supérieure de la gélatine est bientôt toute blanche, et, en regardant l'envers de la plaque, on constate que l'action du bain gagne graduellement les parties inférieures de la couche.

Si le renforcement doit être complet, il faut prolonger l'action du bain jusqu'à ce que l'envers de la plaque soit aussi blanc que l'endroit.

Lorsque l'on juge que la plaque est suffisamment blanchie, on la retire du bain et on la lave abondamment afin d'entraîner tout le chlorure mercurique. Sans ce lavage, le chlorure mercurique formerait, dans le bain ammoniacal, un précipité blanc de chlorure de mercurammonium :

$$HgCl^2 + 2AzH^3 = AzH^4Cl + ClAzH^2Hg,$$
$$2HgCl + 2AzH^3 = AzH^4Cl + Cl.AzH^2Hg^2.$$

(Remarquons que le chlorure mercurique donne, avec l'ammoniaque, un précipité blanc, tandis que le chlorure mercureux donne un précipité noir).

Le lavage, après le bain de mercure, est aussi nécessaire pour entraîner un composé organique qui prend naissance au contact de la gélatine et du chlorure mercurique. Ce composé se précipite sous forme de poudre blanche, et s'il n'était pas entraîné par le lavage, il serait décomposé par l'ammoniaque. Il en résulterait un dépôt de mercure qui occasionnerait, à la surface du cliché, des taches d'aspect métallique.

Après avoir été lavée, la plaque est plongée dans la solution suivante :

Eau. 100
Ammoniaque à 22°. 5

Si l'on fait usage d'eau calcaire, il peut se former un léger trouble blanchâtre quand on verse l'alcali dans l'eau. En effet, l'ammoniaque s'empare de la petite quantité d'acide carbonique libre que renferme l'eau, et détermine ainsi la précipitation du carbonate de chaux, qui est insoluble dans l'eau privée d'acide carbonique.

Aussitôt plongée dans le bain alcalin, la plaque, de blanche qu'elle était, devient noire. Pour que l'ammoniaque agisse uniformément sur toute la plaque, il faut agiter la cuvette en tout sens pendant l'opération. Au bout de quelques minutes, on n'a plus rien à attendre de l'action du bain alcalin et il ne reste plus qu'à laver la plaque à fond et à la laisser sécher à l'air.

Remarquons que si l'ammoniaque n'a pas dissous tout le chlorure d'argent, contenu dans la couche de gélatine, ce chlorure noircira à la lumière et le cliché se renforcera pendant le tirage des épreuves positives.

Le bain d'ammoniaque pouvant se préparer instantanément et étant, pour ainsi dire, sans valeur, on peut le renouveler à chaque opération. Le bain de mercure peut servir à renforcer un grand nombre de clichés et on ne le remplace que lorsque son action devient trop lente.

76. Un cliché, après avoir été traité par le bain de mercure, peut être renforcé en remplaçant l'ammoniaque par une solution à 10 pour 100 de sulfite de sodium. Ce sel dissout le chlorure d'argent et réduit le chlorure mercureux à l'état métallique :

$$2HgCl + SO^3Na^2 + H^2O = 2Hg + SO^4Na^2 + 2HCl.$$

$$Hg^2Cl + NaO,SO^2 + HO = 2Hg + NaO,SO^3 + HCl.$$

Le dépôt de mercure noir qui se substitue à l'argent intensifie le cliché.

77. Si, au sortir du bain de mercure, une plaque est traitée par le révélateur à l'oxalate ferreux, le chlorure d'argent est réduit à l'état d'argent et le chlorure mercureux à l'état de mercure :

$$6(C^2O^3Fe) + 6AgCl = 2[(C^2O^3)^3Fe^2]$$
$$+ 6Ag + Fe^2Cl^6,$$

$$6(FeO, C^2O^3)+3AgCl = 2(Fe^2O^3, 3C^2O^3)$$
$$+ 3Ag + Fe^2Cl^3.$$

$$6(C^2O^4Fe) + 6HgCl = 2[(C^2O^4)^3Fe^2] + 6Hg + Fe^2Cl^6.$$

$$6(FeO,C^2O^3) + 3Hg^2Cl = 2(Fe^2O^3.3C^2O^3)$$
$$+ 6Hg + Fe^2Cl^3.$$

Ce procédé de renforcement donne au cliché plus d'opacité que le sulfite de sodium et a l'avantage de pouvoir être répété plusieurs fois sur la même image.

L'argent métallique, précipité par l'oxalate ferreux, peut toujours en effet être converti en chlorure d'argent et chlorure mercureux, de sorte que l'on peut théoriquement juxtaposer à chaque molécule d'argent du cliché un nombre illimité de molécules de mercure.

78. Manière d'agir des affaiblissants. — Nous venons de voir comment on peut améliorer un cliché gris, uniforme et manquant de vigueur. Nous allons montrer maintenant qu'il est possible de remédier, dans une certaine mesure, aux défauts contraires. Deux cas peuvent se présenter :

79. 1° Le cliché, une fois terminé, est trop opaque dans toute son étendue ; il pourrait donner de bonnes images positives, mais son manque de transparence rend le tirage de ses épreuves presque impossible.

Ce défaut sera le résultat ou de la coloration de la couche de gélatine par le révélateur alcalin (**29**), ou d'une réduction trop abondante d'argent produite soit par un développement trop prolongé, soit par un voile à la surface du cliché.

Nous savons déjà comment on peut décolorer une couche de gélatine teintée par un révélateur alcalin (**65, 66**).

Pour éclaircir un cliché empâté par un développement trop poussé, il faut faire dissoudre une certaine quantité de l'argent réduit sans altérer la gradation des tons de l'image. A cet effet, le bain dissolvant doit agir simultanément et également sur toutes les parties de l'image. On emploiera donc un bain dont l'action sera très faible, afin qu'il puisse pénétrer toute la couche de gélatine avant d'agir d'une manière sensible à la surface de la plaque.

Le cliché diminuera d'intensité dans ce bain proportionnellement à la durée de son action et sans que la valeur des tons de l'image soit altérée.

80. Si le cliché est trop opaque, par suite d'un voile qui s'est formé à sa surface, on le trempera à l'état sec dans un bain affaiblissant énergique ; l'action de ce bain sera alors localisée à la surface du cliché et le voile seul disparaîtra.

Souvent, après que le voile a disparu, l'image parait grise et manque d'intensité. Dans ce cas, l'affaiblissement du cliché doit être suivi d'un renforcement au mercure (**75**).

81. 2° Les clichés sont heurtés et trop vigoureux. Ce défaut se présente quand l'action de la lumière a été trop faible et que, pour faire apparaître les demi-teintes, on a dû prolonger outre mesure le développement. Dans ce cas, il faut réduire seulement les grands noirs de l'image et laisser intactes les faibles ombres. Si l'on applique un procédé d'affaiblissement basé sur la dissolution de l'argent, on affaiblira bien le cliché, mais le résultat final ne sera jamais satisfaisant. En effet, l'image des faibles ombres est formée seulement à la surface du cliché (**72**), et comme le bain affaiblissant agit progressivement, au fur et à mesure qu'il pénètre dans la couche de gélatine, il pourra faire disparaître entièrement des faibles demi-teintes, telles que A et B (**72**), avant d'avoir agi suffisamment sur un grand noir tel que C.

En tout cas, pour que le bain affaiblissant agisse aussi également que possible sur toute l'image, il faut, ainsi que nous l'avons déjà fait remarquer, que son action soit très faible. Mais, malgré le soin que l'on apportera à l'opération, on fera toujours disparaître quelques-uns des faibles détails de l'image, et l'on n'atténuera qu'imparfaitement les contrastes des différentes parties du cliché.

82. Un procédé qui donnerait un meilleur résultat consisterait à retourner la couche de gélatine et à faire agir un bain affaiblissant énergique sur l'envers de la couche. On réduirait ainsi seulement les grands noirs de l'image.

83. On pourrait aussi atténuer les contrastes d'un

cliché en l'affaiblissant avec une substance qui agirait à la manière des renforçateurs et qui aurait pour effet de substituer, à chacune des molécules d'argent de l'image, une ou plusieurs molécules d'un composé moins opaque. Le rapport des transparences de deux des éléments du cliché serait alors, après l'affaiblissement :

$$\left(\frac{\tilde{c}_1}{\tilde{c}_2}\right)^m$$

et comme, dans ce cas, m est plus petit que l'unité, ce rapport serait plus petit que le rapport

$$\frac{\tilde{c}_1}{\tilde{c}_2}$$

des transparences avant l'affaiblissement.

84. Enfin, le Dr Eder recommande de traiter les clichés trop vigoureux de la manière suivante : on convertit toutes les molécules d'argent de l'image en chlorure d'argent, puis on plonge le cliché dans un bain révélateur qui réduit ce chlorure d'argent à l'état d'argent métallique et développe à nouveau l'image. Le révélateur pénétrant graduellement dans la couche de gélatine, agit d'abord à sa surface, puis sur les couches inférieures; si l'on arrête son action lorsqu'il a agi jusqu'au niveau bb' (**72**), il aura développé à fond les demi-teintes A et B et seulement partiellement le grand noir C. En fixant ensuite le cliché, on dissoudra le chlorure d'argent non réduit de la partie C et l'on obtiendra une image présentant moins de contraste entre A et C, ou B et C, que n'en présentait l'image primitive.

85. Procédés d'affaiblissement. — Nous avons vu que l'un des procédés d'affaiblissement des clichés consistait à dissoudre une partie de l'argent qui constitue l'image. Cette opération ne se fait pas directement : on commence par transformer les molécules d'argent, que l'on veut faire disparaître, en chlorure, bromure, iodure ou cyanure d'argent, puis on dissout les composés ainsi formés. Le chlorure ferrique, le chlorure cuivrique, le chlorure de calcium, l'hypochlorite de sodium (eau de Javelle), l'iode en solution dans l'iodure de potassium, le ferricyanure de potassium, etc., etc., sont autant de produits qui forment avec l'argent des composés susceptibles d'être éliminés par l'action d'un dissolvant tel que l'hyposulfite de sodium.

Le chlorure ferrique, par exemple, forme avec l'argent de l'image du chlorure d'argent :

$$2Ag + Fe^2Cl^6 = 2AgCl + 2FeCl^2.$$
$$Ag + Fe^2Cl^3 = AgCl + 2FeCl.$$

La transformation de l'argent en chlorure se fait en plongeant le cliché à affaiblir dans un bain de chlorure ferrique à 1 pour 100. Lorsqu'on juge que l'action de ce bain est suffisante, on lave la plaque et on dissout le chlorure dans le bain de fixage ordinaire à l'hyposulfite de sodium ; on termine par des lavages prolongés pour éliminer le fixateur (**57**).

Cette manière indirecte de dissoudre l'argent du cliché présente un grave inconvénient. En effet, le degré d'affaiblissement de l'image dépend de l'action du premier bain sur le cliché, et cette action ne peut être appréciée qu'après la dissolution du chlorure d'argent par l'hyposulfite de sodium. Il serait à désirer que la chloruration de l'argent et la dissolution du chlorure d'argent se fassent simultanément, de manière que l'on puisse suivre l'affaiblissement du cliché au fur et à mesure que le bain agit. Or, si, pour obtenir ce résultat, on mélange le chlorure ferrique à l'hyposulfite de sodium, on détermine une réaction entre ces deux produits et le chlorure ferrique est converti en chlorure ferreux qui est sans action sur l'argent du cliché :

$$4\,Fe^2Cl^6 + S^2O^3Na^2 + 5\,H^2O = 2\,SO^4HNa$$
$$+\ 8\,FeCl^2 + 8\,HCl.$$
$$4\,Fe^2Cl^3 + NaO,S^2O^2 + 5\,HO = NaO,HO,2\,SO^3$$
$$+\ 8\,FeCl + 4\,HCl.$$

86. Mais ce qu'il est impossible de faire avec le chlorure ferrique peut être réalisé avec le ferricyanure de potassium. Ce sel n'agit que lentement sur l'hyposulfite de sodium et se porte de préférence sur l'argent du cliché, qu'il fait passer à l'état de ferrocyanure d'argent :

$$2\,Fe^2Cy^{12}K^6 + 4\,Ag = 3\,FeCy^6K^4 + FeCy^6Ag^4.$$
$$2\,Cy^6Fe^2K^3 + 2\,Ag = 3\,Cy^4FeK^2 + Cy^3FeAg^2.$$

Ce ferrocyanure d'argent est soluble dans l'hyposulfite de sodium, de sorte que les deux opérations qui déterminent l'affaiblissement du cliché se font simultanément. Les opérations sont conduites de la manière suivante :

Le cliché à affaiblir est plongé dans une cuvette contenant une solution d'hyposulfite de sodium à 5 pour 100. Pour préparer rapidement ce bain, il suffit de prélever une certaine quantité du bain de fixage ordinaire à 20 pour 100 et de l'allonger d'une quantité d'eau suffisante pour quadrupler à peu près le volume de la solution. Après avoir fait tremper la plaque pendant quelques minutes dans ce bain, on ajoute goutte à goutte dans la cuvette une solution de ferricyanure de potassium. Le taux de cette solution n'a pas d'importance. On peut la faire à 10 pour 100 et l'ajouter à raison de 5 pour 100 au bain d'hyposulfite de sodium. Si l'action n'est pas assez rapide, on peut augmenter la dose de ferricyanure de potassium. L'image diminue graduellement d'intensité dans ce bain et, lorsque l'on juge qu'elle est suffisamment affaiblie, on retire le cliché de la cuvette et on le lave abondamment pour éliminer l'hyposulfite de sodium. Il ne faut préparer la solution de ferricyanure de potassium qu'au fur et à mesure de ses besoins, car cette solution est facilement décomposée par la lumière, par le contact des poussières organiques, etc., etc.

Le procédé d'affaiblissement que nous venons de décrire permet d'agir localement sur le cliché et de

réduire l'intensité de certaines parties seulement de
l'image. En appliquant avec un pinceau le liquide
affaiblissant sur les parties trop intenses, on peut, en
effet, diminuer leur opacité. Mais ces retouches lo-
cales sont très délicates et demandent beaucoup de
soins pour éviter que la partie affaiblie de l'image
ne fasse tache sur le reste du cliché (¹).

87. Si l'on veut affaiblir un cliché en substituant
à l'argent un composé moins opaque, il suffit de
traiter ce cliché par une solution de chlorure mercurique. L'image blanchit peu à peu dans ce bain
(74) et, en arrêtant l'opération quand on le juge à
propos, on obtient un cliché plus doux et plus transparent que le cliché primitif. Mais, en exposant le
cliché au jour pour tirer les épreuves positives, le
chlorure d'argent, contenu dans la couche de gélatine,
prendra une teinte foncée, de sorte que le cliché
changera de valeur et ne donnera pas des résultats
constants.

88. Pour appliquer la méthode d'affaiblissement
des clichés du Dr Eder, on commence par transformer
tout l'argent des clichés en chlorure d'argent. Une
solution de chlorure ferrique, de chlorure cuivrique
ou n'importe quelle solution chlorurante peut être
employée à cet effet.

(¹) Le procédé d'affaiblissement au ferricyanure de potassium
a été publié, en 1884, par E.-H. Farmer.

Voici le bain recommandé par le Dr Eder :

Eau.. 100
Bichromate de potassium.. 1
Acide chlorhydrique. 1

Lorsque le cliché est chloruré à fond, on le lave et on le développe à l'oxalate ferreux. On arrête l'opération en temps utile et il ne reste plus qu'à laver la plaque, la fixer et la laver une dernière fois absolument comme s'il s'agissait d'un cliché ordinaire dont on viendrait de révéler l'image latente.

Enfin, si l'on veut affaiblir un cliché, qui a été renforcé au mercure, il faut le traiter par une solution diluée de cyanure de potassium.

APPENDICE.

89. Liste des corps simples considérés en Photographie, leurs symboles, équivalents et poids atomiques.

CORPS SIMPLES.	SYMBOLES.	ÉQUIVALENTS.	POIDS atomiques.	CORPS SIMPLES.	SYMBOLES.	ÉQUIVALENTS.	POIDS atomiques.
Aluminium	Al	13,75	27,5	Magnésium	Mg	12	24
Argent	Ag	108	108	Mercure	Hg	100	200
Azote	Az	14	14	Or	Au	98,2	196,4
Baryum	Ba	68,5	137	Oxygène	O	8	16
Brome	Br	80	80	Platine	Pl	99,5	199
Cadmium	Cd	56	112	Plomb	Pb	103,5	207
Calcium	Ca	20	40	Phosphore	Ph	31	31
Carbone	C	6	12	Potassium	K	39	39
Chlore	Cl	35,5	35,5	Sodium	Na	23	23
Chrome	Cr	26,25	52,5	Soufre	S	16	32
Cuivre	Cu	31,5	63	Strontium	St	43,75	87,5
Étain	Su	59	118	Tungstène	Tu	92	184
Fer	Fe	28	56	Uranium	Ur	60	120
Hydrogène	H	1	1	Vanadium	Va	51,3	51,3
Iode	I	127	127	Zinc	Zn	33	66

90. — Solubilité des principaux composés

DÉSIGNATION DES COMPOSÉS.	1 PARTIE DU COMPOSÉ se dissout dans		
	EAU à 15°.	EAU à 100°.	ALCOOL à 15°.
Acétate de sodium	3 p.	0,5 p.	sol.
Acide chromique	très sol.	très sol.	se déc.
» citrique	0,75	0,6	sol.
» gallique	100	3	sol.
» oxalique	10	0.2	sol.
» pyrogallique	2	très sol.	très sol.
» tartrique	1,7	sol.	2
Alun ammoniacal	7	0,2	2
» de chrome	10,5	2	insol.
» de potasse	6,5	0,3	insol.
Azotate d'ammonium	0,5	1	3
» d'argent	0,8	0,5	10
» de potassium	3	0,4	100
» de sodium	1,2	0,6	insol.
Brome	33	se volat.	sol.
Bromure d'ammonium	1,5	0,7	32
» de cadmium	0,9	très sol.	3,5
» de potassium	1.6	1	5000
» de sodium	1.2	0.5	1200
» de zinc	très sol.	très sol.	sol.
Carbonate d'ammonium	4	se déc.	sol.
» de potassium	0.9	très sol.	insol.
» de potassium (bi	4	se déc.	insol.
» de sodium	1	0.3	insol.
» de sodium (bi	10	se déc.	insol.
Chlorure d'ammonium	3	1.4	diffit sol.
» de calcium	1,5	0.7	8
» cuivrique	1	très sol	sol.
» ferreux	0.8	très sol.	sol.
» ferrique	0,6	très sol.	sol.

employés en **Photographie** (d'après le Dr Eder).

DÉSIGNATION DES COMPOSÉS.	1 PARTIE DU COMPOSÉ se dissout dans		
	EAU à 15°.	EAU à 100°.	ALCOOL à 15°.
Chlorure mercureux..	insol.	insol.	insol.
» mercurique.............	14	2	3
» d'or...................	très sol.	très sol.	sol.
» de potassium...........	3	2	200
» de sodium........	2,8	2,5	60
» de zinc	0.3	très sol.	1
Chromate de potassium.........	16 p.	12,5 p.	insol.
» de potassium (bi). . ..	10	1,2	insol.
Citrate d'ammonium	très sol.	très sol.	sol.
» de potassium	très sol.	très sol.	insol.
Cyanure de potassium..	très sol.	très sol.	sol.
Ferricyanure de potassium......	2,5	1,2	insol.
Ferrocyanure de potassium.....	4	1	insol.
Hydroquinone....	5.8	très sol.	très sol.
Iode........................ ...	7000	se volat.	très sol.
Iodure d'ammonium...........	0.6	très sol	1
» de cadmium	1	très sol.	1
» de potassium........... ...	0.7	0,5	350
» de sodium.	0.6	0,3	360
Oxalate d'ammonium (neutre)...	24	très sol.	insol.
» de potassium (neutre) ...	3	très sol.	insol.
» acide (bi ...	20	2	34
Potasse........	0.5	très sol.	sol.
Soude	2,6	très sol.	sol.
Sulfate ferreux.....	1.5	0.3	insol.
» ammoniacal.....	5	0.8	insol.
Sulfite de sodium	2	1	insol.
» (hypo)..	1,5	très sol.	insol.
Tannin	58	sol.	très sol.

91. — Conversion des poids et mesures anglais en poids et mesures français (1).

MESURES DE LONGUEUR.

			cm
Un pouce (inch) =	$\frac{1}{12}$ pied $\frac{1}{36}$ yard	....	2,5399
Un pied (foot) =	12 pouces $\frac{1}{3}$ yard	....	30,4794
Un yard impérial =	36 pouces 3 pieds	....	91,4383

--- --- ---

MESURES DE CAPACITÉ.

		cc
Un minim, une goutte environ............		0,06
Un drachm = 60 minims................	f. ʒ	3,55
Une once (ounce) = 8 drachms..........	f.	28,39
Une pinte (pint) = 20 onces	0. ℥	567,9
Un quart = 2 pintes..................		1lit,135,9
Un gallon impérial = 4 parts et pèse 10 livres avoirdupois		gall. 4lit,543458

(1) Les poids et mesures anglais sont employés en Angleterre, aux États-Unis et en Russie.

POIDS.

A. *Système des apothicaires.*

(employé, à moins d'avis contraire, dans tous les Ouvrages
et formulaires de Photographie).

	gr
Un grain...	0,06479
Un scrupule (scruple) = 20 grains...............	1,2958
Un drachm = 3 scrupules = 60 grains..........	3,8879
Une once (ounce) = 8 drachms = 480 grains .	31,1044
Une livre (pound) = 12 onces = 5760 grains...	373,2528

B. *Système Avoirdupois.*

(employé par les marchands de produits chimiques
et par les pharmaciens lorsqu'ils vendent des produits sans
ordonnance).

	gr
Un grain (le même que dans le système précédent).......................................	0,06479
Un drachm = 27,$\frac{11}{32}$ grains.....................	1,7718
Une once (ounce) = 16 drachms = 437,$\frac{1}{2}$ grains	28,3495
Une livre (pound) = 16 onces = 7000 grains...	453,5926

C. *Système Troy.*

(employé seulement pour peser l'or et l'argent et maintenant
presque abandonné).

	gr
Un grain (le même que dans les systèmes précédents).......................................	0,06479
Un pennyweight = 24 grains.................	1,5549
Une once (ounce) = 20 pennyweights.........	31,1035
Une livre (pound) = 12 onces.................	373,2420

92. Poids et dimensions des monnaies françaises (¹).

VALEUR DES PIÈCES.		POIDS.	DIAMÈTRE.
	fr. c.	gr.	mm.
	100 »	32,258	35
	50 »	16,129	28
Or..............	20 »	6,452	21
	10 »	3,226	19
	5 »	1,613	17
	5 »	25	37
	2 »	10	27
Argent...........	1 »	5	23
	0,50	2	18
	0,20	1	16
	0,10	10	30
Bronze...........	0,05	5	25
	0,02	2	20
	0,01	1	15

(¹) Ces renseignements peuvent être utiles lorsqu'on manque de poids et de décimètre.

FIN.

TABLE DES MATIÈRES.

FIN DE LA TABLE DES MATIÈRES.

Paris. — Imp. Gauthier-Villars et fils, 55, quai des Grands-Augustins.

LIBRAIRIE GAUTHIER-VILLARS ET FILS.
QUAI DES GRANDS-AUGUSTINS, 55, A PARIS.

Envoi franco dans toute l'Union postale contre mandat de poste
ou valeur sur Paris.

CATALOGUE

DE PHOTOGRAPHIE.

Abney (le capitaine), Professeur de Chimie et de Photographie à l'École militaire de Chatham. — *Cours de Photographie.* Traduit de l'anglais par LÉONCE ROMMELAER. 3ᵉ éd. Gr. in-8, avec planche photoglyptique; 1877. 5 fr.

Agle. — *Manuel pratique de Photographie instantanée.* In-18 jésus, av. nombr. fig. dans le texte; 1887. 2 fr. 75 c.

Aide-Mémoire de Photographie pour 1889, publié sous les auspices de la Société photographique de Toulouse, par C. FABRE. Quatorzième année, contenant de nombreux renseignements sur les procédés rapides à employer pour portraits dans l'atelier, les émulsions au coton-poudre, à la gélatine, etc. In-18, avec fig. et spécimen.

  Broché.................. 1 fr. 75 c.
  Cartonné........ .... 2 fr. 25 c.

Les volumes des années précédentes, sauf 1877, 1878, 1879, 1880, 1883, 1884, 1885 *et* 1886 *se vendent aux mêmes prix.*

Annuaire photographique, par *A. Davanne.* 2 vol. in-18, années 1867 et 1868. Chaque volume se vend séparément :
  Broché... 1 fr. 75. | Cartonné.. 2 fr. 25.

Audra. — *Le gélatinobromure d'argent.* Nouveau tirage. In-18 jésus; 1887.   1 fr. 75 c.

Baden-Pritchard (H.), Directeur du *Year-Book of Photography.* — **Les ateliers photographiques de l'Europe** (Descriptions, Particularités anecdotiques, Procédés nouveaux, Secrets d'atelier). Traduit de l'anglais sur la 2ᵉ édition, par CHARLES BAYE. In-18 jésus, av. figures dans le texte; 1885.   5 fr.

   On vend séparément :
Iᵉʳ Fascicule : *Les ateliers de Londres*..... 2 fr. 50 c.
IIᵉ Fascicule : *Les ateliers d'Europe*....... 3 fr. 50 c.

Balagny (George). *Traité de Photographie par les procédés pelliculaires.* Deux volumes grand in-8, avec figures; 1889.
   On vend séparément :
 Tome I : *Généralités. Plaques souples. Théorie et pratique des trois développements au fer, à l'acide pyrogallique et à l'hydroquinone*.. 4 fr
 Tome II : *Papiers pelliculaires. Applications générales des procédés pelliculaires. Phototypie. Contretypes transparents.*

Balagny (George). — *L'Hydroquinone. Nouvelle méthode de développement.* In-18 jésus; 1889.   1 fr.

Batut (Arthur). — *La Photographie appliquée à la reproduction du type d'une famille, d'une tribu ou d'une race.* In-16 jésus avec 2 pl. phototypiques; 1887. 1 fr. 50 c.

Blanquart-Evrard. — *Intervention de l'art dans la Photographie.* In-12, avec une photographie; 1864. 1 fr. 50 c.

Boivin (F.). — *Procédé au collodion sec.* 3ᵉ édition, augmentée du formulaire de Th. Sutton, des tirages aux poudres inertes (procédé au charbon), ainsi que de notions pratiques sur la Photographie, l'Electrogravure et l'Impression à l'encre grasse. In-18 jés.; 1883. 1 fr. 50 c.

Bonnet, Chimiste, Professeur à l'Association philotechnique. — *Manuel de Phototypie.* In-18 jésus, avec figures dans le texte et une pl. phototypique; 1889. 2 fr. 75 c.

— *Manuel d'Héliogravure et de Photogravure en relief.* In-18 jésus, avec figures dans le texte; 1889. 2 fr. 50 c.

Bulletin de la Société française de Photographie. Grand in-8, mensuel. 2ᵉ Série, 5ᵉ année; 1889.

     1ʳᵉ Série, 30 volumes, années 1855 à 1884. 250 fr.

     On peut se procurer les années qui composent la 1ʳᵉ Série, sauf 1855, 1856, 1881, 1883, 1885, au prix de 12 fr. l'une, les numéros au prix de 1 fr. 50 c., et la Table décennale par ordre de matières et par noms d'auteurs des Tomes I à X (1855 à 1864), au prix de 1 fr. 50 c.

     La 2ᵉ Série, commencée en 1885, continue de paraître chaque mois.

     Prix pour un an : Paris et les départements. 12 fr.
                        Étranger. 15 fr.

Bulletin de l'Association belge de Photographie. Grand in-8, mensuel, 16ᵉ année; 1889.

     Prix pour un an : France et Union postale. 27 fr.
     1ʳᵉ Série, 10 volumes, années 1874 à 1883. 250 fr.
     Les volumes des années précédentes se vendent séparément. 25 fr.

Burton (W.-K.). — *A B C de la Photographie moderne,* contenant des instructions pratiques sur le *Procédé sec à la gélatine.* Traduit de l'anglais par G. Huberson. In-18 jésus, avec fig.; 1889. 2 fr. 25 c.

Chardon (Alfred). — *Photographie par émulsion sèche au bromure d'argent pur* (Ouvrage couronné par le Ministre de l'Instruction publique et par la Société française de Photographie). Gr. in-8, avec fig.; 1877. 4 fr. 50 c.

— *Photographie par émulsion sensible, au bromure d'argent et à la gélatine.* Grand in-8, avec figures; 1880.
                              3 fr. 50 c.

Clément (R.). — *Méthode pratique pour déterminer exactement le temps de pose en Photographie*, applicable à tous les procédés et à tous les objectifs, indispensable pour l'usage des nouveaux procédés rapides. 3e édition. In-18; 1889. 2 fr. 25 c.

Colson (R.). — *La Photographie sans objectif.* In-18 jésus, avec planche spécimen; 1887. 1 fr. 75 c.

— *Procédés de reproduction des dessins par la lumière.* In-18 jésus; 1888. 1 fr.

Cordier (V.). — *Les insuccès en Photographie; causes et remèdes*, 6e édit. avec fig. In-18 jésus;1887. 1 fr. 75 c.

Davanne. — *La Photographie. Traité théorique et pratique.* 2 beaux volumes grand in-8, avec 234 figures et 4 planches spécimens. 32 fr.

On vend séparément :

Ire PARTIE : Notions élémentaires. — Historique. — Épreuves négatives. — Principes communs à tous les procédés négatifs. — Épreuves sur albumine, sur collodion, sur gélatinobromure d'argent, sur pellicules, sur papier. Avec 2 planches spécimens et 120 figures dans le texte; 1886. 16 fr.

IIe PARTIE : Épreuves positives : aux sels d'argent, de platine, de fer, de chrome. — Épreuves par impressions photomécaniques. — Divers : Les couleurs en Photographie. Épreuves stéréoscopiques. Projections, agrandissements, micrographie. Réductions, épreuves microscopiques. Notions élémentaires de Chimie, vocabulaire. Avec 2 planches spécimens et 113 figures dans le texte; 1888. 16 fr.

— *Les Progrès de la Photographie.* Résumé comprenant les perfectionnements apportés aux divers procédés photographiques pour les épreuves négatives et les épreuves positives, les nouveaux modes de tirage des épreuves positives par les impressions aux poudres colorées et par les impressions aux encres grasses. In-8; 1877. 6 fr. 50 c.

— *La Photographie, ses origines et ses applications.* Grand in-8, avec figures; 1879. 1 fr. 25 c.

— *La Photographie appliquée aux Sciences.* Grand in-8; 1881. 1 fr. 25 c.

— *Notice sur la vie et les travaux de Poitevin.* In-8, avec figures; 1882. 75 c.

— *Nicéphore Niepce inventeur de la Photographie.* Conférence faite à Chalon-sur-Saône pour l'inauguration de la statue de Nicéphore Niepce, le 22 juin 1885. Grand in-8, avec un portrait de Niepce, en phototypie; 1885. 1 fr. 25 c.

Dumoulin. — *Manuel élémentaire de Photographie au collodion humide.* In-18 jésus, avec fig; 1874. 1 fr. 50 c.

— *Les Couleurs reproduites en Photographie.* Historique, théorie et pratique. In-18 jésus; 1876. 1 fr. 50 c.

— *La Photographie sans laboratoire* (Procédé au gélatinobromure. Agrandissement simplifié). In-18 jésus; 1886. 1 fr. 50 c.

Eder (le Dʳ J.-M.), Directeur de l'École royale et impériale de Photographie de Vienne, Professeur à l'École industrielle de Vienne, etc. — *La Photographie instantanée, son application aux arts et aux sciences.* Traduction française de la 2ᵉ édition allemande par O. Campo, membre de l'Association belge de Photographie. Grand in-8, avec nombreuses figures et 1 planche spécimen; 1888.   6 fr. 50 c.

— *La Photographie à la lumière du magnésium.* Ouvrage inédit, traduit de l'allemand par Henry Gauthier-Villars. In-18 jésus, avec figures; 1889...............

Elsden (Vincent). — *Traité de Météorologie à l'usage des photographes.* Traduit de l'anglais par Hector Colard. In-8, avec figures; 1888.   3 fr. 50 c.

Fabre (C.), Docteur ès sciences. — *Traité encyclopédique de Photographie.* 4 beaux volumes gr. in-8, illustrés de nombreuses figures; 1889-1890.

MODE DE PUBLICATION. — Le *Traité encyclopédique de Photographie* sera publié en vingt livraisons de 5 feuilles in-8 raisin (80 pages), paraissant régulièrement le 15 de chaque mois, à partir du 15 juin 1889. Cinq livraisons formeront un volume de 400 pages. La Table des matières et la couverture du volume seront envoyées avec la 5ᵉ livraison.
L'ouvrage entier (20 livraisons) se composera ainsi de quatre volumes de 400 pages. Si l'abondance des matières force à faire des livraisons supplémentaires, celles-ci seront livrées gratuitement aux souscripteurs.

Tous les trois ans, un Supplément destiné à exposer les progrès accomplis pendant cette période viendra compléter ce Traité et le maintenir au courant des dernières découvertes.

CONDITIONS DE SOUSCRIPTION — Le prix des 20 livraisons, c'est-à-dire des 4 volumes, est fixé pour les souscripteurs à 40 fr., payables (mandat-poste ou chèque sur Paris), savoir : 10 fr. en souscrivant, 10 fr. en recevant la 1ʳᵉ livraison du 2ᵉ volume, 10 fr. en recevant la 1ʳᵉ livraison du 3ᵉ volume, 10 fr. en recevant la 1ʳᵉ livraison du 4ᵉ volume,

Dès que l'Ouvrage sera complet, chaque volume se vendra séparément 15 fr.

— *La Photographie sur plaque sèche. — Émulsion au coton-poudre avec bain d'argent.* In-18 jésus; 1880.   1 fr. 75 c.

Ferret (l'abbé). — *La Photogravure facile et à bon marché.* In-18 jésus; 1889.   1 fr. 25 c.

Fortier (G.). — *La Photolithographie, son origine, ses procédés, ses applications.* Petit in-8, orné de planches, fleurons, culs-de-lampe, etc., obtenus au moyen de la Photolithographie; 1876.   3 fr. 50 c.

Geymet. — *Traité pratique de Photographie* (Éléments complets, Méthodes nouvelles, Perfectionnements), suivi d'une Instruction sur le *procédé au gélatinobromure.* 3ᵉ édition. In-18 jésus; 1885.   4 fr.

— *Traité pratique du procédé au gélatinobromure.* In-18 jésus; 1885.   1 fr. 75 c.

— *Éléments du procédé au gélatinobromure.* In-18 jésus; 1882.   1 fr.

— *Traité pratique de Photolithographie.* 3ᵉ édition. In-18 jésus; 1888. 2 fr. 75 c.

— *Traité pratique de Phototypie.* 3ᵉ édition. In-18 jésus; 1888. 2 fr. 50 c.

— *Procédés photographiques aux couleurs d'aniline.* In-18 jésus; 1888. 2 fr. 50 c.

— *Traité pratique de gravure héliographique et de galvanoplastie.* 3ᵉ édit. In-18 jésus; 1885. 3 fr. 50 c.

— *Traité pratique de Photogravure sur zinc et sur cuivre.* In-18 jésus; 1886. 4 fr. 50 c.

— *Traité pratique de gravure et d'impression sur zinc par les procédés héliographiques.* 2 volumes in-18 jésus, se vendant séparément :

  Iʳᵉ PARTIE : Préparation du zinc; 1887. 2 fr.

  IIᵉ PARTIE : Méthodes d'impression. — Procédés inédits; 1887 3 fr.

— *Traité pratique de gravure en demi-teinte par l'intervention exclusive du cliché photographique.* In-18 jésus; 1888. 3 fr. 50 c.

— *Traité pratique de gravure sur verre par les procédés héliographiques.* In-18 jésus; 1887. 3 fr. 75 c.

— *Traité pratique des émaux photographiques. Secrets* (tours de main, formules, palette complète, etc.) *à l'usage du photographe émailleur sur plaques et sur porcelaines.* 3ᵉ édition. In-18 jésus; 1885. 5 fr.

— *Traité pratique de Céramique photographique. Épreuves irisées or et argent* (Complément du *Traité des émaux photographiques*). In-18 jésus; 1885. 2 fr. 75 c.

— *Héliographie vitrifiable, températures, supports perfectionnés. Jeu de coloris.* In-18 jésus; 1889.

— *Traité pratique de platinotypie, sur émail, sur porcelaine et sur verre.* In-18 jésus; 1889..... . 2 fr. 75 c.

Girard (J.). — *Photomicrographie* en cent tableaux pour projections. Texte explicatif, avec 29 figures dans le texte; 1872. 1 fr. 50 c.

Godard (E.), Artiste peintre décorateur. — *Traité pratique de peinture et dorure sur verre. Emploi de la lumière; application de la Photographie.* Ouvrage destiné aux peintres, décorateurs, photographes et artistes amateurs. In-18 jésus; 1885. 1 fr. 75 c.

— *Procédés photographiques par l'application directe sur la porcelaine avec couleurs vitrifiables de dessins. photographies*, etc. In-18 jésus; 1888. 1 fr.

Hannot (le capitaine), Chef du service de la Photographie à l'Institut cartographique militaire de Belgique. — *Exposé complet du procédé photographique à l'émulsion* de **Warnercke**, lauréat du Concours international pour le meilleur procédé au collodion sec rapide, institué par l'Association belge de Photographie en 1876. In-18 jésus; 1880.   1 fr. 50 c.

Huberson. — *Formulaire de la Photographie aux sels d'argent*. In-18 jésus; 1878.   1 fr. 50 c.

— *Précis de Microphotographie*. In-18 jésus, avec figures dans le texte et une pl. en photogravure; 1879.   **2 fr.**

Joly. — *La Photographie pratique*. Manuel à l'usage des officiers, des explorateurs et des touristes. In-18 jésus; 1887.   1 fr. 50 c.

Journal de l'Industrie photographique, *Organe de la Chambre syndicale de la Photographie*. Grand in-8, mensuel. 10ᵉ année; 1889.

Prix pour un an : Paris, France, Étranger.   7 fr.
Les volumes des années précédentes se vendent séparément.   5 fr.

Klary, Artiste photographe. — *Traité pratique d'impression photographique sur papier albuminé*. In-18 jésus, avec figures; 1888.   3 fr. 50 c.

— *L'Art de retoucher en noir les épreuves positives sur papier*. In-18 jésus; 1888.   1 fr.

— *L'Art de retoucher les négatifs photographiques*. In-18 jésus, avec figures; 1888.   2 fr.

— *Traité pratique de la peinture des épreuves photographiques* avec les couleurs à l'aquarelle et les couleurs à l'huile, suivi de *différents procédés de peinture appliqués aux photographies*. In-18 jésus; 1888.   3 fr. 50 c.

— *L'éclairage des portraits photographiques*. 6ᵉ édition, revue et considérablement augmentée par **Henry Gauthier-Villars**. In-18 jésus, avec fig.; 1887.   1 fr. 75 c.

— *Les Portraits au crayon, au fusain et au pastel obtenus au moyen des agrandissements photographiques*. In-18 jésus; 1889.   2 fr. 50 c.

La Baume Pluvinel (A. de). — *Le développement de l'image latente* (Photographie au gélatinobromure d'argent). In-18 jésus; 1889.   2 fr. 50 c.

Le Bon (Dr Gustave). — *Les Levers photographiques et la Photographie en voyage*. 2 volumes in-18 jésus, avec figures dans le texte; 1889.   5 fr.

On vend séparément :

Iᵉ Partie : Application de la Photographie à l'étude géométrique des monuments et à la topographie.   2 fr. 75 c.

IIᵉ Partie : Opérations complémentaires des applications de la Photographie au lever des monuments. Levers des détails d'édifices. Construction des cartes. Levers d'itinéraires. Technique photographique. Photographie instantanée.   2 fr. 75 c.

Liesegang (Paul). — *Notes photographiques.* Le procédé au charbon. Système d'impression inaltérable. 4e édition. Petit in-8, avec figures dans le texte; 1886.   2 fr.

Londe (A.), Chef du service photographique à la Salpêtrière. — *La Photographie instantanée.* In-18 jésus, avec belles figures dans le texte; 1886.   2 fr. 75 c.

— *La Photographie dans les arts, les sciences et l'industrie.* In-18 jésus, avec spécimen; 1888.   1 fr. 50 c.

— *Traité pratique du développement.* Étude raisonnée des divers révélateurs et de leur mode d'emploi. In-18 jésus, avec figures et 5 doubles planches phototypiques; 1889.   2 fr. 75 c.

Martens (J.). — *Traité élémentaire de Photographie,* contenant le procédé au collodion humide, le procédé au gélatinobromure d'argent, le tirage des épreuves positives aux sels d'argent, le tirage des épreuves positives au charbon. In-16; 1887.   1 fr. 50 c.

Moëssard (le Commandant P.). — *Le Cylindrographe, appareil panoramique.* 2 volumes in-18 jésus, avec figures, contenant chacun une grande planche phototypique; 1889.   3 fr.

On vend séparément :

Iʳᵉ Partie : *Le Cylindrographe photographique.* Chambre universelle pour portraits, groupes, paysages et panoramas.   1 fr. 75 c.

IIᵉ Partie : *Le cylindrographe topographique.* Application nouvelle de la Photographie aux levés topographiques.   1 fr. 75 c.

— *Étude des lentilles et objectifs photographiques.* 2 vol. in-18 jésus; 1889.

On vend séparément :

Iʳᵉ Partie : *Étude expérimentale complète d'une lentille ou d'un objectif photographique au moyen de l'appareil dit « le Tourniquet »,* avec figures dans le texte et une grande planche (feuille analytique).   1 fr. 75 c.

IIᵉ Partie : *Étude théorique et pratique.*

Chaque *feuille analytique* seule.   0 fr. 25 c.

Monckhoven (Dʳ Van). — *Traité général de Photographie,* suivi d'un Chapitre spécial sur le *gélatinobromure d'argent.* 8e éd., nouveau tirage. Grand in-8, avec planches et figures intercalées dans le texte. (*Sous presse.*)

Monet (A.-L.). — *Procédés de reproductions graphiques appliquées à l'Imprimerie.* Grand in-8, avec 103 figures dans le texte et 13 planches hors texte dont plusieurs en couleurs; 1888.   10 fr.

Moock. — *Traité pratique d'impression photographique aux encres grasses, de phototypographie et de photogravure.* 3e édition, entièrement refondue par Geymet. In-18 jésus; 1888.   3 fr.

Mouchez (Amiral). — **La Photographie astronomique à l'Observatoire de Paris et la Carte du Ciel.** In-18

jésus, avec figures dans le texte et 7 planches hors texte,
dont 6 photographies de la Lune, de Jupiter, de Saturne, de l'amas des Gémeaux, etc., reproduites par
l'héliogravure, la photoglyptie, etc., et une planche sur
cuivre; 1887. 3 fr. 50 c.

Note Book, édité par l'Association belge de Photographie.
Petit in-8 cartonné; 1888. 1 fr. 25 c.

Odagir (H.). — *Le Procédé au gélatinobromure*, suivi
d'une Note de Milsom sur les clichés portatifs et de la
traduction des Notices de Kennett et du Rév. G. Palmer.
In-18 jésus, avec figures. 3ᵉ tirage; 1885. 1 fr. 50 c.

O'Madden (le Chevalier C.). — *Le Photographe en voyage.*
Emploi du gélatinobromure. — Installation en voyage.
Bagage photographique. In-18; 1882. 1 fr.

Pélegry, Peintre amateur, Membre de la Société photographique de Toulouse. — *La Photographie des
peintres, des voyageurs et des touristes. Nouveau
procédé sur papier huilé*, simplifiant le bagage et facilitant toutes les opérations, avec indication de la manière de construire soi-même les instruments nécessaires.
2ᵉ tirage. In-18 jésus, avec un spécimen; 1885. 1 fr. 75 c.

Perrot de Chaumeux (L.). — *Premières Leçons de Photographie.* 4ᵉ édition, revue et augmentée. In-18 jésus,
avec figures; 1882. 1 fr. 50 c.

Pierre Petit (Fils). — *Manuel pratique de Photographie.*
In-18 jésus, avec figures dans le texte; 1883. 1 fr. 50 c.

— *La Photographie artistique. Paysages. Architecture.
Groupes* et *Animaux.* In-18 jésus; 1883. 1 fr. 25 c.

— *La Photographie industrielle.* Vitraux et émaux. Positifs microscopiques. Projections. Agrandissements.
Linographie. Photographie des infiniment petits. Imitations de la nacre, de l'ivoire, de l'écaille. Éditions
photographiques. Photographie à la lumière électrique, etc. In-18 jésus; 1883. 2 fr. 25 c.

Piquepé (P.). — *Traité pratique de la Retouche des clichés photographiques*, suivi d'une *Méthode très détaillée
d'émaillage* et de *Formules et Procédés divers.* 2ᵉ tirage.
In-18 jésus, avec deux photoglypties; 1885. 4 fr. 50 c.

Pizzighelli et Hübl. — *La Platinotypie. Exposé théorique
et pratique d'un procédé photographique aux sels de
platine, permettant d'obtenir rapidement des épreuves
inaltérables.* Traduit de l'allemand par Henry Gauthier-Villars. 2ᵉ édit., revue et augmentée. In-8, avec figures
et platinotypie spécimen; 1887.

Broché.... 3 fr. 50 c. — Cartonné avec luxe. 4 fr. 50 c.

Poitevin (A.). — *Traité des impressions photographiques;*
suivi d'Appendices relatifs aux procédés usuels de *Pho-*

tographie négative et positive sur gélatine, d'héliogravure, d'hélioplastie, de photolithographie, de phototypie,
de tirage au charbon, d'impressions aux sels de fer, etc.;
par LÉON VIDAL. In-18 jésus, avec un portrait phototypique de Poitevin. 2ᵉ édition, entièrement revue et
complétée; 1883.   5 fr.

Radau (R.). — *La Lumière et les climats.* In-18 jésus:
1877.   1 fr. 75 c.

— *Les radiations chimiques du Soleil.* In-18 jésus; 1877.
                                                 1 fr. 50 c.

— *Actinométrie.* In-18 jésus; 1877.   2 fr.

— *La Photographie et ses applications scientifiques.* In-18
jésus; 1878.   1 fr. 75 c.

Rayet (G.). — *Notes sur l'histoire de la Photographie astronomique.* Grand in-8; 1887.   2 fr.

Robinson (H.-P.). — *De l'effet artistique en Photographie.
Conseils aux Photographes sur l'art de la composition et
du clair obscur.* Traduct. de la 2ᵉ édition anglaise, par
HECTOR COLARD. Grand in-8, avec figures; 1885. 3 fr. 50 c.

— *La Photographie en plein air. Comment le photographe
devient un artiste.* Traduit de l'anglais par HECTOR CO-
LARD. 2ᵉ édition. 2 volumes grand in-8; 1889.   5 fr.

Iʳᵉ PARTIE : Des plaques à la gélatine. — Nos outils. — De la com
position. — De l'ombre et de la lumière. — A la campagne. — Ce
qu'il faut photographier. — Des modèles. — De la genèse d'un tableau.
— De l'origine des idées. Avec figures dans le texte et 2 planches
phototypiques.   2 fr. 75 c.

IIᵉ PARTIE : Des sujets. — Qu'est-ce qu'un paysage? — Des figures
dans le paysage. — Un effet de lumière. — Le Soleil. — Sur terre
et sur mer. — Le Ciel. — Les animaux. — Vieux habits! — Du
portrait fait en dehors de l'atelier. — Points forts et points faibles
d'un tableau. — Conclusion. Avec figures dans le texte et 2 planches
phototypiques.   2 fr. 50 c.

— *L'Atelier du Photographe.* La meilleure forme d'atelier. Fonds et accessoires. Éclairage, pose et arrange-
ment du modèle. Traduit de l'anglais par HECTOR
COLARD, Membre de l'Association belge de Photographie. In-8, avec figures; 1888.   3 fr. 50 c.

Rodrigues (J.-J.), Chef de la Section photographique et
artistique (Direction générale des travaux géographiques
du Portugal). — *Procédés photographiques et méthodes
diverses d'impressions aux encres grasses.* Grand in-8;
1879.   2 fr. 50 c.

Roux (V.), Opérateur. — *Traité pratique de la transformation des négatifs en positifs servant à l'héliogravure et
aux agrandissements.* In-18; 1881.   1 fr.

— *Manuel opératoire pour l'emploi du procédé au géla-
tinobromure d'argent.* Revu et annoté par STÉPHANE
GEOFFRAY. 2ᵉ édition, augmentée de nouvelles Notes.
In-18; 1885.   1 fr. 75 c.

— *Traité pratique de Zincographie.* Photogravure, Autogravure, Reports, etc. In-18 jésus; 1885.   1 fr. 25 c.

— *Traité pratique de gravure héliographique en taille-douce, sur cuivre, bronze, zinc, acier, et de galvanoplastie.* In-18 jésus; 1886.   1 fr. 25 c.

— *Manuel de Photographie et de Calcographie,* à l'usage de MM. les graveurs sur bois, sur métaux, sur pierre et sur verre. (Transports pelliculaires divers. Reports autographiques et reports calcographiques. Réductions et agrandissements. Nielles.) In-18 jésus; 1886. 1 fr. 25 c.

— *Traité pratique de Photographie décorative appliquée aux arts industriels.* (Photocéramique et lithocéramique. Vitrification. Emaux divers. Photoplastie. Photogravure en creux et en relief. Orfévrerie. Bijouterie. Meubles. Armurerie. Epreuves directes et reports polychromiques.) In-18 jésus; 1887.   1 fr. 25 c.

— *Formulaire pratique de Phototypie,* à l'usage de MM. les préparateurs et imprimeurs des procédés aux encres grasses. In-18 jésus; 1887.   1 fr.

— *Photographie isochromatique.* Nouveaux procédés pour la reproduction des tableaux, aquarelles, etc. In-18 jésus; 1887.   1 fr. 25 c.

Russel (C.). — *Le Procédé au tannin,* traduit de l'anglais par Aimé Girard. 2ᵉ éd. In-18 jésus, avec fig.   2 fr. 50 c.

Sauvel (Ed.), Avocat au Conseil d'État et à la Cour de cassation. — *Des œuvres photographiques et de la protection légale à laquelle elles ont droit.* In-18; 1880.   1 fr. 50 c.

Schaeffner (Ant.). — *Notes photographiques,* expliquant toutes les opérations et l'emploi des appareils et produits nécessaires en Photographie. 2ᵉ édition, revue et augmentée. Petit in-8; 1888.   1 fr. 75 c

Simons (A.). — *Traité pratique de photo-miniature, photo-peinture et photo-aquarelle.* In-18 jésus; 1888. 1 fr. 25 c.

Tissandier (Gaston). — *La Photographie en ballon,* avec une épreuve photoglyptique du cliché obtenu à 600ᵐ au-dessus de l'île Saint-Louis, à Paris. In-8, avec figures; 1886.   2 fr. 25 c.

Trutat (E.). — *La Photographie appliquée à l'Archéologie;* Reproduction des *Monuments, OEuvres d'art, Mobilier, Inscriptions, Manuscrits.* In-18 jésus, avec cinq photolithographies; 1879.   2 fr. 50 c.

— *La Photographie appliquée à l'Histoire naturelle.* In-18 jésus, avec 58 belles figures dans le texte et 5 planches spécimens en phototypie, d'Anthropologie, d'Anatomie, de Conchyologie, de Botanique et de Géologie; 1884.   4 fr. 50 c.

Trutat (E.). — *Traité pratique de Photographie sur papier négatif par l'emploi de couches de gélatinobromure d'argent étendues sur papier.* In-18 jésus, avec figures dans le texte et 2 planches spécimens; 1883.   3 fr.

Viallanes (H.), Docteur ès sciences et Docteur en médecine. — *Microphotographie. La Photographie appliquée aux études d'Anatomie microscopique.* In-18 jésus, avec une planche phototypique et figures; 1886.   2 fr.

Vidal (Léon), Officier de l'Instruction publique, Professeur à l'École nationale des Arts décoratifs. — *Traité pratique de Photographie au charbon*, complété par la description de divers *Procédés d'impressions inaltérables (Photochromie et tirages photomécaniques).* 3ᵉ éd. In-18 jésus, avec une planche de Photochromie et 2 planches d'impression à l'encre grasse; 1877. 4 fr. 50 c.

— *Traité pratique de Phototypie*, ou *Impression à l'encre grasse sur couche de gélatine.* In-18 jésus, avec belles figures sur bois dans le texte et spécimens; 1879. 8 fr.

— *Traité pratique de Photoglyptie*, avec et sans presse hydraulique. In-18 jésus, avec 2 planches photoglyptiques hors texte et nombreuses gravures dans le texte; 1881.   7 fr.

— *Calcul des temps de pose et Tables photométriques* pour l'appréciation des temps de pose nécessaires à l'impression des épreuves négatives à la chambre noire, en raison de l'intensité de la lumière, de la distance focale, de la sensibilité des produits, du diamètre du diaphragme et du pouvoir réducteur moyen des objets à reproduire. 2ᵉ édition. In-18 jésus, avec tables; 1884.

Broché. 2 fr. 50 c. | Cartonné. 3 fr. 50 c

— *Photomètre négatif*, avec une Instruction. Renfermé dans un étui cartonné.   5 fr.

— *Manuel du touriste photographe.* 2 volumes in-18 jésus, avec figures. Nouvelle édition, revue et augmentée; 1889 .. .. 10 fr.

On vend séparément.

Iᵉ PARTIE : Couches sensibles négatives — Objectifs. — Appareils portatifs. — Obturateurs rapides. — Pose et Photométrie. Développement et fixage. — Renforçateurs et réducteurs. — Vernissage et retouche des négatifs.   6 fr.

IIᵉ PARTIE : Impressions positives aux sels d'argent et de platine. — Retouche et montage des épreuves. — Photographie instantanée. — Appendice indiquant les derniers perfectionnements. — Devis de la première dépense à faire pour l'achat d'un matériel photographique de campagne et prix courant des produits.   4 fr.

— *La Photographie des débutants.* Procédé négatif et positif. In-18 jésus, avec figures dans le texte; 1886.   2 fr. 50 c.

— *Cours de reproductions industrielles. Exposé des principaux procédés de reproductions graphiques, héliogra-*

phiques, plastiques, hélioplastiques et galvanoplastiques.
In-18 jésus. 3 fr. 50 c.

Vieuille (G.). — *Nouveau guide pratique du photographe amateur.* 2ᵉ édition, entièrement refondue. In-18 jésus; 1889. 2 fr. 75 c.

Vogel. — *La Photographie des objets colorés avec leurs valeurs réelles.* Traduit de l'allemand par HENRY GAUTHIER-VILLARS. Petit in-8, avec figures dans le texte et 4 planches ; 1887.
Broché 6 fr.   Cartonné avec luxe. 7 fr.

(Août 1889.)

A LA MÊME LIBRAIRIE.

Annuaire de l'observatoire municipal de Montsouris pour 1889; *Météorologie, Chimie, Micrographie, Application à l'hygiène* (contenant le résumé des travaux de l'Observatoire durant l'année 1888). 18ᵉ année. In-18, avec figures.
Broché 2 fr. | Cartonné 2 fr. 50 c.

Colson (R.), Capitaine du Génie. — *Traité élementaire d'Electricité, avec les principales applications.* 2ᵉ édition, revue et augmentée. In-18 jésus, avec 91 figures dans le texte; 1888. 3 fr. 75 c.

Lemström, Professeur de Physique à l'Université d'Helsingfors. — *L'Aurore boréale.* Etude générale des phénomènes produits par les courants électriques de l'atmosphère. Grand in-8, avec figures dans le texte et 14 pl. dont 5 en chromolithographie; 1886. 6 fr. 50 c.

Michaut, Commis principal à la Direction technique des Télégraphes de Paris; et **Gillet,** Commis principal au poste central des Télégraphes de Paris. — *Leçons élementaires de Télégraphie électrique.* Système Morse. Manipulation. Notions de Physique et de Chimie. Piles. Appareils et accessoires. Installation des postes. In-18 jésus, avec 81 belles figures dans le texte; 1885. 3 fr. 75 c.

Tissandier (Gaston). — *Les ballons dirigeables.* In-18 jésus, avec 35 figures et 4 planches. 2 fr. 50 c.

Trutat (E.), Conservateur du musée d'Histoire naturelle de Toulouse. — *Traité élementaire du microscope.* Description des divers microscopes simples et composés; leur emploi. Un joli volume petit in-8, avec 171 figures dans le texte; 1882.
Broché 8 fr.   Cartonné 9 fr.

15495 Paris. — Imp. GAUTHIER-VILLARS ET FILS,
Quai des Grands-Augustins, 55.